QU'EST-CE QUE S'ORIENTER DANS LA PENSÉE ?

TEXTES & COMMENTAIRES

KANT

QU'EST-CE QUE S'ORIENTER DANS LA PENSÉE ?

Introduit, traduit et annoté
par
Alexis PHILONENKO

Préface de
Ferdinand ALQUIÉ
Membre de l'Institut

LIBRAIRIE PHILOSOPHIQUE J. VRIN
6 place de la Sorbonne, V e
PARIS

Imprimé en France
ISSN 1291-9683
ISBN 978-2-7116-1481-3
www.vrin.fr

à M. N.

Ce travail a été entièrement effectué sous la bienveillante direction de M. F. Alquié, Professeur à la Sorbonne. Nous voudrions donc exprimer ici la reconnaissance profonde que nous lui devons et le remercier une fois de plus pour les sages conseils et les encouragements précieux qu'il n'a cessé de nous donner.

PRÉFACE

Le texte publié par Kant sous le titre de *Was heiszt sich in Denken orientieren*, texte dont M. Philonenko présente ici la traduction et le commentaire, parut en octobre 1786 dans la *Berlinische Monatsschrift*. C'est donc un article, destiné à un public assez vaste, et, en ce sens, un écrit de vulgarisation, appartenant à ce que Kant appelle lui-même la philosophie populaire. *Qu'est-ce que s'orienter dans la pensée* n'en est pas moins un texte de grande importance, philosophique et historique. Philosophique, car les idées qu'il expose, essentielles à l'attitude critique et à son éternelle légitimité, n'ont rien perdu de leur valeur, et peuvent conduire aux réflexions actuelles les plus précieuses. Historique, car ces idées sont ici exprimées à propos de circonstances très particulières, et à un moment capital de la réflexion du philosophe.

À ce moment en effet Kant vient de publier successivement la première édition de la *Critique de la raison pure* (1781), les *Prolégomènes à toute métaphysique future qui voudra se présenter comme science* (1783), les *Fondements de la métaphysique des mœurs* (1785), et, cette année même (1786), les *Premiers principes métaphysiques de la science de la Nature*. En 1787 paraîtra la seconde édition de la *Critique de la raison pure*, en 1788 la *Critique de la raison pratique*, en 1790 la *Critique du jugement*. On mesure, par ces titres et ces dates, l'importance d'une période dont la richesse est sans égale, et l'on aperçoit combien il est nécessaire de se faire une idée précise de ce que Kant pense en 1786 si l'on veut reconstituer avec exactitude le cheminement de son esprit à l'époque la plus féconde de sa réflexion.

Et sans doute la philosophie d'un auteur se trouve-t-elle, avant tout, dans ses grandes œuvres systématiques. Mais ces œuvres elles-mêmes ne se peuvent vraiment comprendre si on ne les replace dans le mouvement de pensée qui les a engendrées, et qui leur donne leur sens authentiquement philosophique. La philosophie n'est pas, comme la science, faite de vérités objectives et impersonnelles pouvant être considérées indépendamment de la démarche de l'esprit qui leur a donné naissance. La compréhension des sciences, et des vérités de la science, n'exige pas nécessairement la compréhension des savants qui ont découvert ces vérités, ne demande pas que soient effectivement retracées les voies propres de celui qui, une première fois, les a atteintes. L'histoire des sciences n'est donc pas nécessaire à la science : elle constitue, en tout cas, une discipline distincte de la science elle-même. Au contraire, la philosophie est inséparable de sa propre histoire, elle vit tout entière dans les pensées des philosophes. Alors qu'il est aisé de comprendre la théorie de la gravitation universelle sans se référer à Newton, nul ne saurait entendre les philosophies de Platon ou de Descartes s'il ne connaît Platon et Descartes eux-mêmes.

Sans doute les vérités philosophiques sont-elles universelles, puisque rationnelles, et il ne saurait être question de les dire subjectives au sens où le mot « subjectif » signifie ce qui, en chaque être humain, diffère de tout autre, et renvoie à l'individualité, donc à l'erreur. Mais l'universalité des vérités philosophiques demeure bien subjective en ce sens qu'une philosophie est l'expression, non d'un ensemble de rapports objectivement définissables, mais de la relation qu'entretient avec l'Être un esprit qui, comme tel, ne saurait être considéré que comme un sujet. Cette relation peut être de présence ; elle peut être, comme c'est le cas dans la philosophie de Kant, de presque totale séparation. Mais elle suppose toujours l'esprit-sujet comme l'un de ses termes, et ne peut être définie en dehors de lui. Or, « comment saisir l'esprit comme sujet, sinon par la reconstitution du processus de sa recherche, et du mouvement qui fut effectivement le sien ? C'est pourquoi l'étude de la genèse d'une pensée est, en histoire de la philosophie, aussi indispensable que celle de l'enchaînement purement logique des idées qui ont finalement permis à cette pensée de se fixer et de se reconnaître. Pour retracer avec exactitude la démarche d'un auteur, il faut étudier tous les témoignages, tous les indices qu'il nous a laissés en dehors même des œuvres définitives où, parvenant à une sorte d'objectivité intemporelle, sa philosophie s'est constituée en système.

Les articles de Kant publiés dans la *Berlinische Monatsschrift* – ainsi, en 1784, l'*Idée d'une histoire universelle au point de vue cosmopolitique*, en 1786, les *Conjectures sur le commencement de l'histoire de l'humanité*, puis, en 1791 et 1792, l'écrit *Sur l'échec de toute tentative philosophique en théodicée* et le célèbre essai *Sur le mal radical* – constituent, en ce sens, des documents de premier ordre. Celui auquel est consacré cet ouvrage nous renseigne avec précision sur l'attitude du philosophe en 1786, sur sa façon propre de réfléchir et, comme l'indique le titre, de « s'orienter dans la pensée ». Il nous aide à fixer le moment où Kant, après avoir exposé sa philosophie théorique et jeté les fondements de sa morale, élabore, si l'on peut dire, la métaphysique de cette morale elle-même, et précise en conséquence le sens nouveau que vont prendre en sa doctrine les notions de « besoin de la raison », d'« hypothèse » et de « postulat pratique ».

Il convient donc, avant tout, de remercier M. Philonenko d'avoir entrepris la traduction et le commentaire de ce texte. Il a commencé ce travail en rédigeant son diplôme d'études supérieures de philosophie. Devenu professeur, il l'a complété et parachevé à la lumière d'un savoir approfondi, d'une réflexion toujours plus pénétrante. Et la connaissance qu'il a de Fichte, auteur sur lequel il prépare un ouvrage important, lui permet d'éclairer à merveille cette époque de la pensée allemande. On peut dire que, pour la première fois, *Was heiszt sich in Denken orientieren* est rendu vraiment accessible au public français : la présente étude sert ainsi la philosophie en sa vocation d'universalité.

L'universalité de la raison, le lien étroit qui unit la liberté de penser et le fait de penser en commun constituent précisément, dans la philosophie critique, des thèmes qui paraissent essentiels à M. Philonenko. Il les étudie avec originalité, allant jusqu'à découvrir chez Kant un « cogito plural ». Il pose ainsi le difficile problème de la légitimité de la vulgarisation philosophique. Kant a cru possible cette vulgarisation, et n'a pas méprisé la philosophie populaire. Il a estimé que tout homme possédait, en sa conscience naïve, l'essentiel des vérités nécessaires pour accomplir, comme il le doit, son destin d'être raisonnable. En cela on pourrait penser qu'il se borne à reprendre une idée fort répandue au XVIIIe siècle et que l'on trouve, par exemple, chez Berkeley, idée selon laquelle l'esprit possède et peut retrouver aisément une sorte d'état de nature, exempt de toute erreur. La position de Kant est cependant plus nuancée : pour lui, le dialogue de la philosophie et de la raison commune est possible, mais laisse à l'analyse philosophique un rôle positif. La conscience populaire sent confusément ce que seule la philosophie peut lui apprendre sous forme de vérité.

Au reste, Kant n'est ici victime d'aucune illusion. Il connaît, il souligne mieux que personne la solitude de fait du philosophe. Mais il attribue l'incompréhension dont la vérité philosophique est l'objet non à quelque défaut de la raison commune, non à quelque privilège aristocratique du penseur, seul capable d'atteindre des connaissances qui lui seraient propres, mais au manque d'attention et à la mauvaise foi de la plupart de ceux qui lisent le philosophe, et veulent utiliser son œuvre au bénéfice de leurs préjugés. Car, si la raison est universelle, il est bien difficile de penser selon la seule raison, et de soustraire son jugement aux passions, au parti pris, au désir de dominer et de vaincre.

Ces idées ont ici toute occasion de s'exprimer, puisqu'il s'agit d'un écrit de circonstance, et que la circonstance est un conflit où l'orgueil, l'entêtement, et aussi la crainte, viennent sans cesse contrarier la recherche et l'expression sereines de la vérité. M. Philonenko, sachant bien que le texte de Kant ne pouvait être compris qu'une fois exactement replacé dans son contexte historique, a restitué ce contexte avec la plus grande précision. Et l'histoire supposant maint sentiment, mainte passion dont il faut aussi être averti, l'étude qu'il nous présente, en retraçant le déroulement de la querelle entre Jacobi et Mendelssohn, n'oublie aucune des passions qui animèrent cette querelle. Elle nous rappelle, en particulier, l'inquiétude que les partisans de la philosophie des lumières éprouvaient, pour la liberté d'expression, devant la menace de disparition prochaine de Frédéric II (qui mourut en effet en 1786). Elle souligne le caractère redoutable que présentait alors l'accusation de spinozisme, accusation que l'on formula contre Kant et dont ce dernier, malgré l'absurdité de l'insinuation, paraît s'être inquiété, puisqu'il la réfute avec le plus grand soin.

Au milieu de ces passions, de ces craintes, le lecteur verra pourtant se dégager, en toute sa lumière, la spécificité du point de vue critique. En fait, dans le conflit, chacun appelle Kant à son aide, et le veut utiliser. Mendelssohn invoque son autorité contre Jacobi. Et il pourrait sembler en effet que Kant, étant rationaliste, aurait dû se ranger du côté de Mendelssohn et des philosophes de l'*Aufklärung* qui firent appel à lui. Mais le rationalisme de Mendelssohn est dogmatique, et veut reconstruire tout ce que la philosophie critique a précisément détruit. Fidèle à la rigueur de sa méthode, Kant ne peut donc approuver Mendelssohn. Jacobi, de son côté, veut trouver un appui dans l'affirmation kantienne que la raison a des limites. Mais Kant ne peut consentir davantage à devenir l'allié de Jacobi : celui-ci croit à la révélation interne, que le criticisme condamne avec rigueur. À ce sujet, M. Philonenko présente une belle étude de la *Schwärmerei,* tenue pour le mal en philosophie, et définie par l'illusion de fusion, au sein des données d'un « sens intérieur » indûment privilégié, du phénomène et de la chose en soi. Selon Kant, l'esprit est incapable de saisir immédiatement l'Être. Même si Dieu nous parlait, il nous serait impossible de savoir avec certitude que c'est bien Dieu qui nous parle. Rien ne peut donc nous conduire à Dieu, en dehors de la loi morale. Pratique ou théorique, c'est la raison qui doit toujours avoir le dernier mot.

On ne saurait méditer avec assez de soin sur cette attitude critique, éloignée à la fois du dogmatisme de la raison et de celui du sentiment, et sur la solitude qu'elle entraîne. Solitude du philosophe porteur, cependant, d'une vérité universelle, et se voyant malgré lui mêlé aux conflits qui opposent des sortes de camps intellectuels où il lui est impossible de trouver une place. Rien n'est plus loin de son scrupule que l'état d'esprit, cher à certains de nos contemporains, du penseur engagé. Car l'engagement, s'il engendre quelque efficacité politique, suppose la trahison de la philosophie et entraîne toujours l'acceptation de quelque confusion, de quelque compromis.

Et sans doute les penseurs engagés demandent-ils sans cesse au philosophe de prendre parti en leurs combats. Ne retenant, entre leur point de vue et le sien, qu'une superficielle ressemblance, ils s'étonnent et s'irritent de ne pas le voir militer dans leur camp. Ils voient de l'indécision dans ce qui n'est qu'honnêteté, de la timidité dans une abstention où s'exprime le courage même de l'esprit. La fidélité rigoureuse à la vérité leur paraît une marque de pusillanimité, de duplicité même. Chacun ne doit-il pas prendre part à la lutte aux côtés de ceux dont il est le plus proche ? Et ne faut-il pas tout sacrifier à « l'essentiel » ? Or l'essentiel, aux yeux de Mendelssohn, est d'être rationaliste. Pour Jacobi, l'essentiel est de reconnaître les limites de la raison. Ce qui importe, au contraire, selon le jugement de Kant, c'est que le rationalisme soit critique, et que l'affirmation des limites de la raison ne puisse jamais conduire à se fier à l'illusion du sentiment. Voulant ainsi sauver une vérité qui ne puisse dériver vers aucune confusion, le philosophe se trouve seul, et ne peut prendre parti pour personne.

Née du souci et du sens de l'Être, son attitude est donc destinée à demeurer incomprise par qui se donne tout entier à un quelconque combat. Mais elle permet de juger tous les combats. Songeant aux luttes de l'*Aufklärung* et de ses ennemis, Hegel découvrira que le même Esprit militait dans les deux camps : aucun des adversaires ne pouvait donc, selon lui, avoir tout à fait tort. Plus sensible à notre séparation d'avec l'Être, Kant estime plutôt qu'aucun des adversaires ne peut avoir tout à fait raison. On voit que, se situant toujours au-dessus, ou du moins en dehors des querelles des partisans, le philosophe ne consent jamais à trahir, au profit de quiconque, et de ceux mêmes qui se disent ses amis, la seule, la totale vérité.

Un des chapitres les plus remarquables de l'étude de M. Philonenko est celui où il met néanmoins en lumière la parenté profonde de tous les rationalismes. En dépit des apparences, le dogmatisme rationaliste, ou du moins la philosophie à laquelle on a donné ce nom, est moins éloigné du criticisme que la philosophie de l'enthousiasme et de l'intuition. Car, s'il croit atteindre l'Être, le rationalisme dogmatique doit toutefois prouver ce qu'il en affirme, et toute preuve, étant médiation, est séparation encore. Cette séparation se retrouve jusque dans l'argument ontologique. Je n'ai sans doute pas besoin de dire combien je crois conforme à la vérité profonde de leurs philosophies cette réconciliation de Descartes et de Kant. Elle se poursuit dans les pages où M. Philonenko, après avoir examiné les difficultés inhérentes à la théorie kantienne de la raison comme besoin, établit que la raison est besoin dans la mesure où elle est finitude. Pour ma part, j'ai toujours pensé que, la métaphysique étant l'expression de la condition propre de l'esprit humain, son essence consistait dans la nostalgie de l'Être; la raison ne s'affirme jamais mieux qu'en se posant comme exigence d'un être qui lui est refusé. Je ne puis donc que souscrire à l'éloge que fait M. Philonenko de ce qu'il nomme excellemment des métaphysiques de la modestie.

La philosophie de Kant présente le type même d'une telle métaphysique. C'est pourquoi il est possible de trouver, dans les thèmes ici développés, une réfutation anticipée de toutes les illusions ultérieures. L'intuition immédiate de l'Être, telle que la décrit Jacobi, nous fait songer à celle de Schelling. Et si, au lieu de croire, avec Jacobi, à la révélation interne, on préfère, avec Wizenmann, se fier à la Bible et à la révélation externe, voici que se pose le problème hégélien de l'histoire comme genèse de la connaissance de l'absolu. Contre cette conception s'élèvent déjà, et comme par avance, les vigoureuses objections kantiennes. Nulle révélation externe ne peut, comme telle, contenir la marque de sa validité : un tel signe impliquerait la présence de l'Absolu dans le phénoménal, ou le sens absolu d'un phénomène. La pierre de touche est donc toujours, en dernière analyse, la faculté critique. La foi historique elle-même, si elle n'est pas superstition, repose en ce sens sur la raison.

Cette dernière affirmation, considérée isolément, pourrait paraître hégelienne ; elle est en réalité aussi éloignée de Hegel qu'il est possible. Car la pensée critique substitue toujours à l'ordre effectif et historique celui de la valeur et du droit. Le véritable principe du jugement n'est jamais ce qui est, mais ce qui doit être, le *sollen*. En cela se manifestent déjà la puissance et le primat de la raison pratique. Si donc M. Philonenko parvient, comme on le verra, à dégager du texte de Kant un mouvement proprement dialectique, encore est-il que cette dialectique, loin de suivre l'histoire, renverse son ordre et le reconstruit selon une raison dont la fin est liberté, et non totalité. On ne saurait donc trouver dans le kantisme une dialectique de justification.

À en croire M. Philonenko, le philosophe le plus fidèle à l'inspiration kantienne est Fichte, et plusieurs pages de l'étude ici présentée préparent à comprendre l'idée de Fichte selon laquelle la construction de la république fut l'œuvre de Kant. Assurément, l'idéalisme politique de Kant n'est pas un idéalisme vide. La liberté de pensée est bien la liberté en qui toute liberté s'enracine. La notion de communauté permet au devoir de rejoindre la vie concrète. Mais ceci demanderait d'autres développements, et conduirait à retracer l'histoire des idées politiques et morales chez les philosophes allemands du XIXe siècle, à rechercher la source de leurs affirmations, à examiner la valeur de leurs objections. Qu'il me suffise d'avoir montré l'importance du texte que M. Philonenko traduit et explique, et de souhaiter que le présent travail en renseignant historiquement sur un moment déterminé de la pensée de Kant, contribue à mettre en lumière l'éternelle vérité contenue dans la philosophie critique.

Ferdinand ALQUIÉ

INTRODUCTION

CHAPITRE PREMIER

LA PUBLICATION DE « QU'EST-CE QUE S'ORIENTER DANS LA PENSÉE ? »

« Qu'est-ce que s'orienter dans la pensée ? » [1] appartient à la série des écrits de philosophie « populaire » de Kant. Publié dans le journal d'E. Biester, la « Berlinische Monatsschrift », au mois d'octobre 1786, ce texte tire son origine d'un conflit qui devait avoir un immense retentissement sur la philosophie allemande à la fin du XIIIe siècle : celui de Jacobi et de Mendelssohn. C'est en effet ce conflit, le « Pantheismusstreit », qui marque l'heure où « … Spinoza sembla soudain se dresser hors de sa tombe, face à l'idéalisme transcendantal de Kant » [2].

S'il est nécessaire pour expliquer la publication de cet article de retracer les grandes lignes du « Pantheismusstreit », cela n'est pas suffisant. Kant, en effet, ne prit pas spontanément position. Il devait même déclarer au sujet de « Qu'est-ce que s'orienter dans la pensée ? », qui représente sa contribution au « Pantheismusstreit » : « *Je fus amené à publier cela contre mon gré* » [3]. La publication de l'article n'aurait donc point eu lieu sans certaines menaces exercées sur le philosophe. De là un double problème pour l'historien de Kant : 1) expliquer pour quelles raisons Kant n'aurait point voulu publier ce texte, 2) indiquer quels furent les véritables motifs de sa décision de le publier.

§ 1 – *Les données de « Qu'est-ce que s'orienter dans la pensée » : les grandes lignes du « Pantheismusstreit ».*

Les principaux antagonistes du Pantheismusstreit furent Jacobi et Mendelssohn. Kant qui, on le sait, « a fort peu cité » [4] nous indique cependant dès le début de son article les textes importants auxquels il convient de se reporter. Il nous renvoie tout d'abord aux « Morgenstunden » de Mendelssohn (octobre 1785) et à la « Lettre aux amis de Lessing » du même auteur[5]. Dans une note, il nous indique trois autres textes : « Les Lettres à M. Mendelssohn sur la doctrine de Spinoza » (début octobre 1785), la « Réponse aux accusations de M. Mendelssohn » (avril 1786), tous deux de Jacobi, et enfin le texte d'un auteur anonyme, « Les résultats de la philosophie de Jacobi et de Mendelssohn » (fin avril 1786).

Tels sont les textes essentiels relatifs à ce conflit. Quelle est sa matière ? Elle peut sembler tout d'abord bien peu philosophique : l'origine du débat est constituée par une « accusation » de spinozisme[6] jetée contre Lessing, l'une des gloires de l'*Aufklärung*. Dans une lettre qu'il adresse à Kant le 16 octobre 1785 Mendelssohn résume fort bien la situation : « M. Jacobi..., écrit-il, vient de publier un ouvrage intitulé « Lettres à M. Mendelssohn » sur la doctrine de Spinoza. Il y fait connaître une correspondance entre lui, une tierce personne et moi-même en laquelle il cherche à faire de notre Lessing un spinoziste déclaré. Jacobi aurait estimé que tout concordait avec ses propres principes, se réjouissant après l'avoir si longtemps cherché de rencontrer enfin un frère en panthéisme capable de répandre une si belle lumière sur le système du « Tout-est-Un ou de l'Un-en-Tout »[7]. Quiconque connaît l'horreur qui s'attache à la pensée de Spinoza au XIIIe siècle comprendra la gravité de la situation : avec Lessing c'est l'*Aufklärung* tout entière qui est atteinte.

Si, faisant abstraction des personnes, on s'efforce d'analyser plus profondément la matière du conflit, on découvre qu'elle contient un élément véritablement philosophique et que l'« accusation » jetée contre Lessing est plutôt un moyen qu'une fin. Le véritable projet de Jacobi était de fonder un irrationalisme et de détruire l'unité de la raison et de la religion, de la logique et de la foi propre au théisme de l'*Aufklärung*. Dans ses « Lettres sur la doctrine de Spinoza » Jacobi se proposait en premier lieu de montrer que le spinozisme était l'unique doctrine véritablement rationnelle. La conversion de Lessing au spinozisme devait en apporter une preuve essentielle : Lessing n'avait-il pas, en tant qu'*Aufklärer*, pour principe de ne suivre que la seule raison ? En second lieu Jacobi se proposait de montrer que le spinozisme, modèle de toute rationalité et affirmation d'une absolue nécessité, ne pouvait satisfaire les exigences pratiques. Un spinoziste selon Jacobi, donc un pur rationaliste, ne doit « jamais vouloir parler de Dieu... de la liberté... de la moralité authentique, car selon sa plus intime conviction ces choses ne sont pas »[8]. Dès lors une alternative s'impose : il faut choisir entre la raison et la foi qui seule garantit nos exigences éthiques.

Le Dieu de la raison, la Substance de Spinoza n'est qu'absolue indétermination, une pure négation. Seul le Dieu de la foi est une réalité, une vérité. « Also das Nichts oder ein Gott »[9]. Jacobi nous invite à délaisser spinozisme et raison; dépassant l'entendement dans un « saut périlleux » nous retrouverons dans un acte de foi qui « dévoile et révèle l'existence » la conscience originaire de notre liberté et de notre devoir-être. « Cher Mendelssohn, s'écrie Jacobi, nous naissons tous dans la foi et nous devons rester dans la foi »[10]. La conscience de la liberté et la moralité ne peuvent ainsi prendre un sens qu'au-delà de la raison, et la seule vraie philosophie est la non-philosophie[11].

Dira-t-on que l'équation instituée par Jacobi entre spinozisme et raison est fausse? Jacobi répondra à toute objection de ce genre en s'appuyant sur un principe qui est très clairement énoncé dans une lettre à Herder du 24 avril 1785: « La cohérence interne de la philosophie de cet homme (Spinoza) m'a surpris encore une fois. Il est impossible de le comprendre à moitié et il est tout aussi impossible d'y ajouter la moindre chose »[12]. Par exemple, « la philosophie de Leibniz et de Wolf est non moins fataliste que celle de Spinoza et ramène le chercheur assidu aux principes de cette dernière »[13]. Le spinozisme est un tout parfait et sans fissure et il est « faux de prétendre, comme on le fait de nos jours, qu'on clarifie le spinozisme. Au contraire, on n'a fait que l'obscurcir et le corrompre »[14].

L'ouvrage de Jacobi paraît en octobre 1785. À la fin du même mois Mendelssohn publie sa réponse; ce sont les « Morgenstunden oder Vorlesungen über die Existenz Gottes »[15]. Mendelssohn s'efforce de montrer qu'à un double point de vue le choix proposé par Jacobi entre raison et moralité ne s'impose pas et que foi et logique peuvent s'accorder.

1) Reprenant des thèmes déjà développés dans ses « Dialogues philosophiques » de 1757, Mendelssohn tente de démontrer que le spinozisme « bien compris » se ramène à la philosophie de Leibniz. Le spinozisme, en effet, n'est qu'une logique de l'entendement divin et « si l'on se limite à la considération de ce monde qui, pour parler avec Leibniz, a existé comme un ensemble possible de réalités distinctes en l'entendement divin avant le décret de Dieu (*antecedenter ad decretum*), bien des affirmations de Spinoza peuvent s'accorder avec la vraie philosophie et la religion »[16]. L'erreur du spinozisme est d'avoir négligé la création qui pose un monde distinct de Dieu. Complété par une philosophie de la création – « geläuterter Spinozismus » – le spinozisme est bien fondé; mais alors il ne constitue plus qu'une partie de la philosophie de Leibniz. D'où la conclusion de Mendelssohn : c'est en la philosophie de Leibniz et non en celle de Spinoza que la raison trouve sa plus parfaite expression. Par conséquent le choix proposé par Jacobi ne saurait être nécessaire. Cette

première réponse de Mendelssohn peut être considérée comme nulle: Jacobi l'avait réfutée d'avance. Et, comme Lessing l'avait signalé à Mendelssohn dans une lettre du 17 avril 1763, une telle interprétation de Spinoza est inacceptable. Enfin, tous les philosophes de cette époque donneront raison à Jacobi et considéreront qu'en ses ultimes principes la philosophie de Leibniz se confond avec celle de Spinoza[17].

2) Le second point de vue auquel Mendelssohn se plaçait pour réfuter Jacobi était de nature méthodique. Selon Mendelssohn un choix entre raison et moralité était impossible, car si les résultats des démonstrations métaphysiques et de la réflexion logique contredisaient les affirmations spontanées de la conscience morale, le philosophe devait les abandonner et chercher à s'*orienter* de nouveau en s'appuyant sur le bon sens. « Lorsque j'ai suivi un temps la spéculation, grimpant à travers les buissons d'épines, écrivait Mendelssohn, je cherche à m'orienter avec le bon sens, ou du moins mon regard cherche le chemin où je puis le rencontrer à nouveau »[18]. En d'autres termes la raison métaphysicienne peut toujours, au cas où elle parviendrait à des affirmations contraires à la morale, comme celles de Spinoza, se réorienter en s'appuyant sur le bon sens ou la raison commune. On appréciera la valeur de l'argument en notant que Kant y vit un « aveu funeste »[19].

Telles sont les thèses qui s'opposent dans ce conflit et qui en constituent la matière. Il va de soi que les questions de personnes qu'il comprend vont contribuer à lui donner une exceptionnelle violence. Bientôt l'Allemagne philosophique tout entière s'engage dans le « Pantheismusstreit ». Au moment où Kant publiera « Qu'est-ce que s'orienter dans la pensée? », l'*Aufklärung* sera au bord de la catastrophe. Deux faits importants avaient contribué, à ce désarroi.

1) Le 4 janvier 1786 – après avoir fait paraître une nouvelle défense de l'*Aufklärung* encore plus faible que la précédente, la « Lettre aux amis de Lessing » – Mendelssohn s'éteint brusquement. Privés de leur « champion » les *Aufklärer* demeurent sans défense et lorsqu'au début du mois d'avril 1786, Jacobi publie sa « Réponse aux accusations de M. Mendelssohn » personne ne se lève pour prendre la défense de la philosophie des lumières.

2) À la fin de ce mois d'avril 1786 paraît un ouvrage anonyme, les « Résultats de la philosophie de Jacobi et de Mendelssohn ». Son auteur est Thomas Wizenmann dont nous entretient une note de la *Critique de la raison pratique*[20]. L'ouvrage est si brillant que certains n'hésitent pas à l'attribuer à Herder; E. Biester, adversaire résolu de Jacobi, dans une lettre adressée à Kant en mai 1786 range l'auteur des « Résultats » « aux côtés de Leibniz, Lessing et Kant »[21].

« Le très fin et très lucide »[22] Wizenmann définit en ces termes le projet des « Résultats » : « J'avais pour but : 1) d'exposer les principes fondamentaux des deux philosophes et le terme de leurs recherches ; de les juger selon leurs principes propres et de les opposer l'un à l'autre ; 2) de détruire chaque système comme tel par l'autre, le Déisme par l'Athéisme et inversement, donnant ainsi la preuve qu'il n'y avait aucune démonstration de l'existence ou de la non-existence de Dieu et de sa relation au monde ; 3) de déterminer exactement la notion de raison pour montrer immédiatement à partir de la détermination de cette notion, la rationalité de la croyance en la révélation, dès que cette révélation possède des témoignages historiques valables »[23]. En fait l'ouvrage se réduit à une implacable critique de Mendelssohn. Cette critique est particulièrement dirigée contre l'équivoque notion de « bon sens ». Wizenmann cherche à montrer qu'en s'appuyant sur le « bon sens » Mendelssohn, comme Jacobi, abandonne la raison pure pour la foi. L'ouvrage se termine par une restauration du positivisme religieux et, en sa conclusion, Wizenmann affirme : « Nous pouvons être parfaitement assurés que l'homme est incapable d'une connaissance transcendante de Dieu et qu'ainsi il ne le connaîtra pas, si ce n'est par l'histoire »[24].

Cet ouvrage plongea dans le désarroi l'*Aufklärung* ; comme le dira Kant : « c'est surtout grâce aux raisonnements pleins de signification du pénétrant auteur des « Résultats » que « la raison commune elle-même... devait courir le danger de servir de principe à l'enthousiasme et à l'abdication complète de la raison »[25].

Ce jugement de Kant résume les résultats du conflit ; avant la publication de « Qu'est-ce que s'orienter dans la pensée ? », l'*Aufklärung* n'a cessé à aucun moment d'être dominée et elle court au désastre.

§ 2 – *Kant et l'Aufklärung pendant le conflit.*

Dès le début du conflit les philosophes de l'*Aufklärung* prièrent Kant de leur prêter main-forte. Kant refusa. Il ne donna aucune réponse à la lettre de Mendelssohn (16 octobre 1785) destinée à solliciter son concours ; il ne répondit pas non plus aux invitations répétées de E. Biester et M. Herz[26].

Au début de ce conflit l'attitude de Kant est parfaitement compréhensible. On connaît d'ailleurs la conduite recommandée par Kant en de pareilles situations : « Contentez-vous plutôt de regarder tranquillement placé sur le terrain solide de la Critique, ce combat qui doit être pénible pour les champions, mais qui pour vous est un passe-temps agréable dont l'issue à coup sûr ne sera pas sanglante »[27]. Après la mort de Mendelssohn l'attitude de Kant devient moins facilement compréhensible ; comment peut-il assister placidement au triomphe de l'irrationalisme ? Bien plus comment peut-il permettre, comme on le verra, aux adversaires de l'*Aufklärung* de profiter de son silence pour prétendre qu'il les approuve ?

Le silence de Kant s'explique si l'on examine ses relations avec Mendelssohn. Celui-ci (lettre du 16 octobre 1785 déjà citée) avait demandé discrètement son aide, et avait pris soin d'avertir Kant que les divergences de la philosophie des « Morgenstunden » et de la *Critique* étaient moins importantes que les idées mises en question dans le conflit qui se préparait. Il n'ignorait pas d'ailleurs que Kant savait supporter la contradiction. Aussi croyait-il pouvoir l'inviter à lutter contre leur ennemi véritablement commun : Jacobi, dont le livre était « un singulier mélange, un rejeton presque monstrueux, la tête de Gœthe, le corps de Spinoza, les pieds de Lavater »[28]. Ces précautions devaient n'avoir aucun effet.

Comme l'a bien montré Schmoldt[29] Kant crut, en effet, découvrir dans la préface des « Morgenstunden » une véritable déclaration de guerre ; on y parlait « des alles zermalmenden Kants », du Kant brise-tout[30], et l'on y faisait bien d'autres remarques désagréables[31]. De plus Kant soupçonna d'être à la fois plagié et réfuté sans bonne foi[32]. Et l'impression qu'il retira de la lecture des « Morgenstunden » fut si fâcheuse qu'il songea un moment à engager une polémique contre leur auteur ; le bruit se répandit que Kant allait donner « une réfutation de la nouvelle preuve de l'existence de Dieu présentée par Mendelssohn dans son dernier ouvrage... »[33]. Bientôt il abandonna cette idée, sans pour autant cesser de juger une telle réfutation utile[34]. En novembre 1785, dans une lettre à Schütz, Kant porta un jugement définitif sur les « Morgenstunden » : c'est le « chef-d'œuvre des illusions de la raison ». On retrouvera presque mot pour mot la conclusion de cette lettre dans « Qu'est-ce que s'orienter dans la pensée ? » : « On peut considérer, écrit Kant, ce dernier testament de la métaphysique dogmatique, tant par rapport à l'enchaînement formel du tout, que par rapport à l'exceptionnelle clarté de l'exposition comme son produit le plus parfait... Une *Critique de la raison pure* qui doute toujours de l'heureux succès d'une telle méthode y trouvera toujours un exemple pour mettre ses principes à l'épreuve afin de les confirmer ou de les rejeter »[35]. Comme on le voit Kant ne reconnaît qu'une seule valeur aux « Morgenstunden » : être capables de fournir la preuve par l'absurde de la *Critique*.

Un tel état de choses contient les raisons du silence de Kant. En effet : 1) si Kant prend parti, ce ne peut être que pour l'*Aufklärung* ; 2) prendre parti pour l'*Aufklärung*, c'est prendre parti : pour Mendelssohn, puisque c'est à travers lui qu'on attaque la philosophie des lumières ; 3) après les « Morgenstunden » Kant ne peut plus faire en aucune chose cause commune avec Mendelssohn. Une seule attitude est donc possible : le silence. Et en lisant les victorieuses réfutations de Jacobi, Kant ne pourra que se souvenir d'avoir écrit : « Les poisons eux-mêmes servent à vaincre d'autres poisons »[36].

Kant devait, on le sait, persister longtemps dans cette attitude : il se refusa à sortir de son silence en dépit des supplications que les *Aufklärer*, amis de Mendelssohn, lui adressèrent[37]. Et l'on s'explique sans peine le malentendu qui devait l'obliger à opposer une fin de non-recevoir à toutes les démarches d'E. Biester et M. Herz : tandis que ceux-ci lui écrivent au nom de Mendelssohn et de l'*Aufklärung*, identifiant ainsi la philosophie des lumières avec la philosophie des « Morgenstunden », Kant cherche au contraire à séparer l'une et l'autre avec le plus grand soin[38]. On mesurera la fermeté de la détermination de Kant si l'on considère en quelle manière Jacobi devait mettre à profit ce silence pendant le « Pantheismusstreit ».

§ 3 – *Kant et Jacobi pendant le conflit.*

Jacobi, en effet, s'était proposé dès le début du conflit de se servir de Kant pour se défendre contre ses adversaires. On ne peut résister au plaisir de citer la lettre classique qu'il adresse à Gœthe le 13 décembre 1785 : « Je me suis remis à Kant cet automne, et pour m'assouplir, je l'ai étudié à fond… Cet animal n'est pas méchant, il ne va pas se jeter sur les passants pour les mordre. Toutefois il est là sur le chemin et les gens n'osent point trop se risquer à passer. Tout au moins est-ce là ce que j'ai éprouvé moi-même. À présent je vais le prendre – et de l'autre côté Hemsterhuis avec moi contre les Berlinois. Je pense que sous mes ordres tous les deux rendront d'excellents services et me protégeront contre les pires attaques »[39]. Jusqu'à la publication de « Qu'est-ce que s'orienter dans la pensée ? ». Jacobi semble avoir réussi à appliquer avec un certain bonheur la ligne de conduite ici définie. Les « Lettres sur la doctrine de Spinoza à M. Mendelssohn » cherchaient déjà, en insistant sur la finitude de la raison, à se rapprocher de la *Critique de la raison pure* et l'on peut y noter avec Erdmann un « incontestable concours d'influences spinozistes et kantiennes »[40]. Le point le plus important sur lequel Jacobi rejoignait Kant était incontestablement l'affirmation de la disjonction de l'existence comme « position absolue » et de la raison comme simple pouvoir de concept. Kant ne fut pas sans apercevoir cette manœuvre et il fit savoir à Jacobi par l'intermédiaire de Hamann qu'il était désireux d'éviter tout rapprochement entre leurs points de vue respectifs[41]. Jacobi ne devait tenir aucun compte de cet avertissement, très discret d'ailleurs et lorsque Mendelssohn lui offrit une occasion inespérée de proclamer publiquement et sans ambages son accord avec Kant, aucun scrupule ne l'arrêta. Dans sa « Lettre aux amis de Lessing » Mendelssohn s'était efforcé de rejeter sur Jacobi l'accusation d'athéisme que celui-ci avait jetée sur toute philosophie rationaliste. Selon

Mendelssohn, Jacobi faisait preuve d'athéisme en repoussant les preuves rationnelles de l'existence de Dieu. Repousser les démonstrations de l'existence de Dieu, qu'était-ce donc sinon chercher à promouvoir « la superstition aveugle », l'enthousiasme et la « Schwärmerei » ? Jacobi prépara la réponse à laquelle Mendelssohn aurait dû s'attendre, cette réponse tient en deux mots : « Et Kant ? ».

Jacobi développe cet argument dans sa « Réponse aux accusations de M. Mendelssohn » et il est intéressant de l'examiner, non seulement pour comprendre à quel point il engageait de façon fort indiscrète Kant dans le conflit, mais encore pour expliquer certains textes de « Qu'est-ce que s'orienter dans la pensée ? ». Dans une note de la « Réponse aux accusations de M. Mendelssohn » Jacobi expliquait en quel sens devait être compris son effort pour s'appuyer sur Kant : « Je n'ai nullement l'intention de rabaisser la philosophie de Kant à la mienne, ni d'élever la mienne à la hauteur de celle de Kant. Il me suffit que sur ces points litigieux cet Hercule parmi les penseurs doive paraître, en toute justice, *encore plus condamnable* aux yeux de mes adversaires que je ne le suis moi-même et que ce soit là une chose que l'on puisse montrer plus clairement que le jour »[42]. Pour faire cette démonstration d'une façon plus claire que le jour « luce meridiana clarius », Jacobi se contentait d'ouvrir la *Critique de la raison pure*. En premier lieu, qui ne pouvait voir qu'en affirmant – ce que Mendelssohn lui reprochait, – « qu'on peut seulement croire en Dieu et que la foi *pratique* est seule immuable »[43]. Jacobi ne faisait que rejoindre Kant, proclamant que « la foi *doctrinale* a en soi quelque chose de chancelant ? »[44]. En second lieu, et si l'on y réfléchit bien, on retrouvera dans la *Critique de la raison pure* et dans les *Lettres sur la doctrine de Spinoza* le même concept du rationnel. Les *Lettres sur la doctrine de Spinoza* soutiennent, en effet, que la raison ne peut jamais s'élever à l'inconditionné et que la chaîne des raisons n'est que médiations à l'infini. Elles en déduisent que le système de Spinoza, le plus parfait de tous les systèmes de la raison pure, est non seulement contraint d'affirmer l'universelle nécessité, mais encore de s'achever dans le néant et de ne jamais parvenir à la certitude de l'existence[45]. Or que dit la *Critique de la raison pure* ? Elle affirme que « la raison, considérée comme le pouvoir d'une certaine forme logique de la connaissance est le pouvoir de juger *médiatement* »[46]. Qu'en déduit-elle ? Comme les *Lettres sur la doctrine de Spinoza*, elle affirme que la raison comme simple pouvoir de médiation ne peut parvenir d'elle-même à l'existence comme position absolue et qu'il lui faut consentir pour l'atteindre soit à l'intuition, en ce qui concerne les choses sensibles, soit à la foi, à la croyance en ce qui concerne les choses surnaturelles[47]. Telle est la démonstration « plus claire que le jour » promise par Jacobi. Comme Kant il affirme que l'existence sous toutes ses formes échappe à la raison et ne se livre qu'à un consentement de l'âme, qui doit être nommé foi. Dès lors l'accusation de « Schwärmerei » et d'athéisme portée par Mendelssohn, contre Jacobi, doit concerner également Kant ou s'effondrer totalement. Or qui voudrait voir dans l'auteur de la *Critique de la raison pure* un « Schwärmer », un enthousiaste, un athée? Comme le dit Jacobi : « Kant, *qui enseigne la même chose* (que les *Lettres sur la doctrine de Spinoza* A.P) *depuis six ans, n'a causé aucun préjudice à la raison, n'est pas un enthousiaste et ne veut promouvoir ni une aveugle croyance ni la superstition* »[48].

Comme on le voit, Jacobi avait gravement compromis Kant ; il avait su exploiter avec beaucoup d'habileté tous les éléments de la philosophie critique qui l'opposaient à la métaphysique dogmatique et traditionnelle des « Morgenstunden ». Il avait infiniment mieux compris que les *Aufklärer* eux-mêmes, que du point de vue kantien, il fallait distinguer rigoureusement entre la philosophie des lumières et la philosophie de Mendelssohn. Et identifiant, comme ses adversaires, Mendelssohn et la philosophie des lumières, il en avait profité pour tâcher de séparer Kant de l'*Aufklärung*. Un tel discernement n'était pas étonnant de la part d'un homme qui devait être le premier à présenter une critique intelligente de la philosophie kantienne et à « prophétiser », selon la juste expression de Xavier Léon, le destin qui devait être le sien[49].

Ce qui importe à nos yeux est le fait suivant : le désaccord de Kant et de Mendelssohn était si profond, que l'auteur de la *Critique de la raison pure*, après avoir été aussi gravement compromis par Jacobi, préférait encore le silence et se refusait à se rendre aux supplications de ses amis E. Biester et M. Herz qui lui demandaient de venir au secours de l'*Aufklärung*. Comment Kant fut-il conduit à sortir de sa « tour d'ivoire » ? Telle est la question que nous devons résoudre.

§ 4 – *Kant et E. Biester.*

C'est E. Biester, le directeur de la revue qui publiera « Qu'est-ce que s'orienter dans la pensée? », qui décidera Kant à écrire cet article. Les motifs qui conduiront Kant à sortir de son silence sont contenus dans la lettre du 11 juin 1786 que Biester adresse à l'auteur de la *Critique de la raison pure* et leur nature est telle que Kant put dire non sans raison qu'il avait publié cet article contre son gré.

Cette lettre de Biester est une *réponse* très longue à une lettre de Kant malheureusement perdue. Kant devait y avoir expliqué les raisons de son attitude dans le « Pantheismusstreit »[50]. Biester se réfère explicitement à cette lettre et la discute tout d'abord. Il apparaît alors nettement que la principale raison du silence de Kant est bien son désaccord avec Mendelssohn; Biester, au terme d'un long plaidoyer, se résigne à distinguer la cause de la philosophie de Mendelssohn et celle de la philosophie des lumières : « Aber wie gesagt, mag meinetwegen Moses Mendelssohn und Berlin stehen oder fallen. Nur die Wahrheit und die Vernunft wünschte ich nicht so sichtbarlich gefährdet »[51].

Cette concession faite, Biester, sachant que Kant ne s'accorde qu'avec difficulté avec l'*Aufklärung* berlinoise[52] et comprenant que l'auteur de la *Critique de la raison pure* est soucieux de conserver une attitude correcte à l'égard de Jacobi[53], croit nécessaire d'indiquer à Kant trois raisons pour briser son silence.

La première de celles-ci ne mérite guère de commentaire: elle se ramène à souligner le danger que court Kant en se laissant compromettre si gravement par Jacobi: « Si les lecteurs découvrent qu'un écrivain, défiant en toute chose la vérité et la sincérité, fait appel à vous comme à un témoin *partageant pleinement son point de vue*, vous ne savez plus ce qu'ils pourront penser... cet homme violent vous a à présent engagé à ses côtés, si indiscrètement, dans le conflit que vous êtes... encore plus obligé, semble-t-il, de vous expliquer à ce sujet »[54]. Kant verra, sans aucun doute, dans la conduite de Jacobi une bonne raison pour sortir de son silence. Mais nous le savons: cette raison à elle seule n'aurait pas suffi à l'amener à changer d'attitude. Aussi bien faut-il considérer les deux autres raisons invoquées par Biester et présentées par celui-ci comme des « considérations personnelles ».

En dépit de leur apparente hétérogénéité, Biester présentait ces deux raisons, ou plutôt ces deux « menaces » comme étroitement liées. « Nous allons bientôt, écrivait-il, assister à un changement dont nul ne sait (comme de toutes les choses à venir) s'il sera ou non favorable à la libre pensée. Il serait alors pénible pour chacun, tant par rapport à la bonne cause qu'à la personne elle-même, qu'on puisse avec quelque semblant de vérité, – *mit einigem Scheine* – accuser le premier philosophe de notre pays et la philosophie tout entière de favoriser l'athéisme dogmatique. Cette détestable accusation pourrait faire une forte impression; mais celle-ci serait déjà bien amoindrie si par avance vous repoussiez toute liaison avec l'athéisme fanatique »[55]. En d'autres termes Biester avertit Kant qu'une accusation de spinozisme commence à se dessiner contre lui, qu'il va bientôt connaître le sort de Lessing, et que les circonstances politiques à venir aggravent considérablement la portée de cette accusation.

Quelles sont ces circonstances menaçantes? Il est évident que le « changement » dont Biester parle ici concerne la disparition de Frédéric le

Grand. On redoutait en effet, à cette époque de l'année 1786, la mort du roi philosophe. Celle-ci devait d'ailleurs survenir le 17 août. On ne saurait trop dire combien l'*Aufklärung* s'inquiétait. Ainsi, Plessing écrivait à Kant le 15 mars 1786 : « Comme notre roi est grand et combien lui est redevable la raison humaine; puisse-t-il vivre encore vingt ans... »[56]. La distance qui séparait ce vœu de la réalité suffit à faire sentir les sentiments qui animaient les *Aufklärer* devant la santé chancelante de Frédéric le Grand. Ce roi avait protégé l'expression de la libre pensée, et cherché à émanciper la pensée philosophique des chaînes de la tradition religieuse. La religion de la raison pure, la religion de l'*Aufklärung*, ennemie de la superstition et de l'obscurantisme avait pu s'épanouir sous sa paternelle protection. Après lui il était à prévoir que tout changerait. Le Kronprinz était un homme de faible pensée, très superstitieux, membre de sociétés secrètes de caractère magico-religieux. Il était à prévoir qu'avec son règne commençât l'odieuse domination de la « censure ». Biester pouvait donc se demander si le prochain changement serait « favorable » à la libre pensée. En de telles conditions politiques, il donnait un sage conseil à Kant en lui affirmant que le moment était fort mal choisi pour être accusé d'athéisme dogmatique; de telles accusations déjà odieuses par elles-mêmes seraient encore plus difficiles à supporter dans les jours qui allaient venir. Kant devait prendre garde. L'auteur de la *Critique de la raison pure* comprit parfaitement la justesse des « considérations personnelles » de Biester. – Il convient de souligner ici que ces circonstances politiques pesèrent sur la rédaction de « Qu'est-ce que s'orienter dans la pensée ? ». Si Kant y parle tellement de la liberté de penser, c'est évidemment en fonction des conditions politiques du moment. Par là s'explique le caractère de « manifeste » que revêt parfois ce texte et qu'Ernst Cassirer a relevé[57]. « Qu'est-ce que s'orienter dans la pensée ? » apparaît à bien des égards comme une solennelle profession de foi de l'*Aufklärung*, et le ton émouvant de sa conclusion, qui magnifie la liberté de penser, « unique trésor de l'homme », ne peut échapper au lecteur.

Mais cela dit, Kant devait-il véritablement redouter une accusation de spinozisme pour chercher à la prévenir avant le « changement » dont parlait Biester ? Pouvait-il craindre d'être accusé d'athéisme dogmatique, c'est-à-dire de spinozisme ?

Il semble que l'on doive donner une réponse affirmative à cette question d'après la lettre qu'il adressa à Jacobi au mois d'août 1789 : « *Je fus contraint*, déclarait Kant à propos de « Qu'est-ce que s'orienter dans la pensée ? » *de le publier contre mon gré pour lever le doute qui pesait sur ma personne en raison de mon soi-disant spinozisme; l'on m'y invitait d'ailleurs de plusieurs côtés* »[58]. Telle serait donc, jointe aux circonstances politiques et à la conduite, compromettante pour Kant, de Jacobi, la raison essentielle de la publication de « Qu'est-ce que s'orienter dans la pensée ? ». Mais qu'en est-il de ce « soi-disant spinozisme ? ».

L'accusation de spinozisme qui se préparait contre Kant semble se rattacher à Jacobi et à ses disciples; en effet, parlant de ceux-ci, Kant déclare, au début de l'importante note qu'il consacre au Spinozisme dans son article : « On peut à peine concevoir comment ces *savants*... peuvent trouver dans la *Critique de la raison pure* un soutien pour le spinozisme »[59]. À l'entendre donc, il semblerait que Jacobi l'ait accusé de spinozisme; le texte des lettres sur la doctrine de Spinoza auquel Kant fait allusion ne peut être que la note consacrée à la notion de substance chez Spinoza[60]. C'est en effet le seul passage de la première édition des Lettres sur la doctrine de Spinoza où Kant est cité à côté de Spinoza. Avant Biester, Schütz et un commentateur anonyme de l'*Allgemeine Litteratur Zeitung*[61] l'avaient déjà signalé à Kant. Malheureusement ce texte n'est en rien une accusation : pour faire comprendre à ses lecteurs l'idée de substance selon Spinoza, Jacobi avait montré qu'en elle les parties sont postérieures au tout, de même qu'en l'espace tel que le décrit Kant. Ce n'était nullement accuser Kant de spinozisme et Valhinger a pu estimer que ce rapprochement de Jacobi était correct et justifié[62]. Schütz avait beau écrire à Kant en février 1786 : « Je vous prierai de m'expliquer... si vous n'avez pas compris M. le Conseiller Jacobi dans son livre sur Spinoza, lorsque citant vos idées sur l'espace, il déclare qu'elles sont tout à fait dans l'esprit de Spinoza (... *ganz im Geiste Spinoza's*). Il est à peine compréhensible qu'on puisse vous entendre si mal aussi souvent, et il est des gens qui d'ores et déjà vous prennent pour un athée, sans qu'ils aient l'air par ailleurs d'être devenus fous »[63]. Il serait puéril de croire que Kant vit en ceci une accusation de spinozisme. Comme l'écrivait Jacobi en la seconde édition de son ouvrage, après avoir supprimé l'incidente « die ganz im Geiste des Spinoza sind », « inutile de dire aux gens *sensés* que par là la philosophie kantienne n'est pas accusée de spinozisme »[64].

Nous en sommes donc réduits à une hypothèse. Il nous semble que, pour comprendre ce « soi-disant spinozisme » de Kant, il convient de se détourner de Jacobi. En effet, concevant quelle portée pouvait avoir une accusation de spinozisme dans l'atmosphère de violence suscitée par le « Pantheismusstreit », certains wolfiens, ennemis irréductibles de Kant, s'avisèrent de découvrir en la *Critique de la raison pure* un spinozisme caché. La chose était possible : il suffisait de dire que le kantisme par sa théorie des formes de la sensibilité ramenait toute diversité à l'apparence, ne reconnaissant qu'une seule réalité, la chose en soi, qui élevée au-dessus de l'espace et du temps, principes d'individuation et de multiplicité, était la substance une de Spinoza. On réduisait le kantisme au spinozisme – ou le spinozisme au kantisme, selon la méthode qui devait être celle de Schopenhauer[65]. Une accusation de ce genre, non dénuée de vigueur, parut au mois de mars 1786 dans l'*Allgemeine Deutsche Bibliothek* de F.H. Nicolaï. Il s'agissait d'un compte rendu se rattachant aux « Erlauterungen über des Hernn Professor Kant Critik der reinen Vernunft von John Schultze »[66]. L'auteur naturellement anonyme signait « Sg » (c'est, croit-on, Pistorius)[67]. Ce commentaire dut émouvoir Kant, puisqu'un an après sa publication on cherchait encore dans le cercle des amis de Kant à en identifier l'auteur[68]. La seule différence entre le développement de Pistorius et celui de Schopenhauer est que ce dernier déclare que Kant « n'a donné que les prémisses, laissant aux auditeurs la joie de trouver la conclusion »[69], tandis que Pistorius estime que cette conclusion « fait apparaître sous un jour odieux les théories de M. Kant »[70]. C'est sans doute à cette accusation plus qu'au rapprochement de Jacobi qu'il convient de rapporter le « soi-disant spinozisme » de Kant. Ce commentaire de l'*Allgemeine Deutsche Bibliothek* lui montra que personne n'était à l'abri d'une accusation de spinozisme, pas même l'auteur de la *Critique de la raison pure*. Peut-être eut-il peur que Jacobi ne s'emparât aussi du thème de Pistorius et crut-il préférable de le devancer... Sur ce point on ne peut faire que des hypothèses; aucun texte ne nous permet de déterminer quelles furent les pensées de Kant. Une seule chose est certaine; avant que Kant ne publiât « Qu'est-ce que s'orienter dans la pensée? » on parlait de son spinozisme. L'avertissement de Biester n'était pas vain, ni dénué de fondement. Et Kant écrivit effectivement cet article pour lever le doute qui pesait sur son soi-disant spinozisme.

Nous avons tenté de répondre aux deux questions posées par la publication de « Qu'est-ce que s'orienter dans la pensée ? ». Nous avons vu que Kant ne voulait point écrire cet article en raison de son désaccord profond avec Mendelssohn. En effet prendre parti pour l'*Aufklärung* en ce conflit revenait nécessairement à se ranger aux côtés de Mendelssohn; chose impossible pour l'auteur de la *Critique de la raison pure*. Nous avons vu également qu'il ne consentit à sortir de sa réserve qu'à la condition expresse de pouvoir critiquer Mendelssohn et contraint par différentes circonstances, les unes constituées par l'attitude de Jacobi, les autres par des conditions politiques et une accusation de spinozisme latente.

Il reste à se demander dans quelle mesure cet article publié sous la contrainte va refléter exactement la pensée de Kant. La question ne peut se poser qu'à propos de Mendelssohn. En dépit des concessions de Biester, Kant devra se montrer dans cet article qui juge le « Pantheismusstreit », plus favorable à Mendelssohn. Celui-ci en effet reste malgré tout un *Aufklärer* et il est impossible de défendre l'*Aufklärung* sans lui accorder plus de considération et d'estime qu'aux autres participants du « Pantheismusstreit ». Cette position correspondra « en gros » à la pensée réelle de Kant : l'auteur des « Morgenstunden » étant rationaliste sera malgré tout plus proche de Kant que Jacobi ou Wizenmann. Néanmoins il faudra donner à ce « malgré tout » sa pleine valeur et ne chercher à diminuer en rien la sévérité des critiques que Kant effectuera à l'égard de Mendelssohn. Il faudra même souvent l'accentuer. En effet il ne faut pas oublier qu'embarrassé d'être plus ou moins contraint, dans « Qu'est-ce que s'orienter dans la pensée ? » de prendre la défense de Mendelssohn, Kant écrira au *même moment* une préface d'un ton extrêmement violent pour le livre de son élève L.H. Jakob dirigé contre les « Morgenstunden ». Il conviendra de se reporter à cette préface pour équilibrer les jugements que Kant portera sur la philosophie de Mendelssohn.

Ayant achevé « l'histoire assez compliquée » de la publication de « Qu'est-ce que s'orienter dans la pensée ? » et tenté, ce faisant, de recueillir les éléments nécessaires pour l'intelligence de ce texte, ne terminons pas cependant ce chapitre sans indiquer en quels termes E. Biester, directeur de la « Berlinische Monatsschrift », estima nécessaire de remercier Kant : « Mille remerciements pour votre si remarquable article sur le conflit de Jacobi et Mendelssohn… et gloire et louange au héros qui a abattu cette hydre. J'attribuerai volontiers dix fois plus de mérite et de gloire à l'homme qui a accompli ceci pour le bien de l'humanité, qu'à la découverte du nouveau monde… »[71]. C'était peut-être aller un peu loin et Kant dut sourire en retournant à ses travaux.

CHAPITRE II

« LA MARCHE DES CHOSES »

En achevant « Qu'est-ce que s'orienter dans la pensée ? » Kant tire la moralité des luttes auxquelles se livrèrent Jacobi, Wizenmann et Mendelssohn, et dont on pourrait se moquer « comme d'un jeu d'enfant »[1], si en celles-ci la raison n'avait manqué de perdre ce qui nous est le plus grand des biens en ce monde : *la liberté de penser*. Bien que nous sachions qu'en « un combat uniquement spéculatif » jamais la « bonne cause » n'est « en jeu », il convient cependant que le tribunal de l'allgemeine Menschenvernunft se hâte de rétablir « la paix éternelle en philosophie » et de proclamer de nouveau le contrat social des métaphysiciens dans la sauvegarde de la liberté de penser. Le jeu auquel se livraient ces combatifs métaphysiciens menaçait pour une fois de devenir trop sérieux en ses conséquences. Voyez donc, semble leur dire Kant, où « la marche des choses »[2] doit nous conduire, tandis que « vous appelez au secours le public qui ne comprend rien à des travaux si subtils »[3].

Cette « marche des choses » est le récit très « approximatif » de la polémique qui constitue le « Pantheismusstreit » : les trois moments, en effet, qu'on peut distinguer en cette « marche des choses », correspondent approximativement aux positions respectives de Jacobi, de Wizenmann et de Mendelssohn. Nous y voyons se succéder dans une dialectique nécessaire l'irrationalisme de Jacobi, – dépeint sous la forme du « génie » – le positivisme religieux de Wizenmann et enfin le rationalisme de Mendelssohn. Quel est le sens de cette « marche des choses » ? Que signifie cette reconstruction méthodique du « Pantheismusstreit » ? Une première remarque s'impose : cette reconstruction est très approximative : le dogmatisme mendelssohnien n'est pas la raison d'être de la « marche des choses » ; il est précédé à la fois par l'irrationalisme de Jacobi et le positivisme religieux de Wizenmann. En d'autres termes la « marche des choses » renverse l'ordre qui était celui de la polémique. Ce renversement est plein de sens.

En premier lieu il nous indique qu'il appartient à l'essence même de la pensée critique de transcender toute histoire et toute facticité, de substituer, à l'ordre des *faits,* celui de la *valeur* et du *droit.* Ce n'est pas la réalité qui dans l'univers kantien est le principe de tout jugement – c'est au contraire le devoir-être, le « sollen » qui émane de la puissance immanente de la raison pratique. C'est selon sa signification, selon l'essence, que le tribunal critique doit rendre sa sentence sur le Pantheismusstreit; et l'ordre factice de la chronologie ne peut jamais à ses yeux prendre une valeur autre que contingente. On voit la raison pour laquelle Kant renverse la dialectique du Pantheismusstreit : si nous voulons comprendre celle-ci, nous devons la reconstruire en situant au terme de la « marche des choses » la position la plus acceptable pour la raison et à son début, au contraire, la position la plus contraire à l'ordre de la rationalité : la « marche des choses » exprime ainsi un jugement de valeur. Selon le tribunal critique, Jacobi est le plus éloigné de la véritable *orientation* de la raison, Mendelssohn, par contre en est le plus rapproché. Aussi bien, selon l'essence la « marche des choses » doit-elle être comprise comme une « marche vers la raison », comme une « orientation » vers l'univers humain et lumineux de la rationalité kantienne : la « marche des choses » est une marche de l'irrationnel au rationnel, de l'asservissement de l'intelligence à sa libération propre.

En second lieu, ce renversement nous dévoile le sens tragique du Pantheismusstreit; en plaçant au terme de la « marche des choses » le dogmatisme mendelssohnien, qui fut le point de départ de la polémique réelle, Kant veut nous indiquer que sans *l'orientation critique*, la « marche des choses » serait une « marche sans fin », une dialectique se reproduisant toujours elle-même; à peine en effet la raison se serait-elle rétablie dans le rationalisme de Mendelssohn – ou de tout autre auteur dogmatique, – qu'elle devrait succomber sous les coups d'un « génie », laissant ainsi s'ouvrir une nouvelle « marche des choses ». Seule, l'orientation kantienne peut nous affranchir de ce destin. Aussi bien la question « Qu'est-ce que s'orienter dans la pensée ? » n'est-elle pas futile; c'est la plus sérieuse de toutes, celle dont la réponse décidera si la raison humaine saura s'affranchir de ce cycle démentiel qui voit tour à tour la victoire des uns et la défaite des autres. « Sans la Critique », sans l'orientation kantienne, la raison ne peut avoir recours qu'à la guerre[4], principe de folie, d'esclavage et d'audace téméraire, et en laquelle il n'est point de « *sentence éternelle* » possible. En répondant à la question « Qu'est-ce que s'orienter dans la pensée ? » Kant veut orienter la raison vers la paix et la détourner de la violence; il veut l'affranchir de son destin qui est de se déchirer elle-même. Cela nous permet de comprendre encore pour quelle raison la « marche des choses » semble aussi bien décrire le *Pantheismusstreit* que les grands moments de l'histoire de la raison : précisément parce que la « marche des choses » ne peut que se répéter, aussi longtemps que la raison ne se sera pas véritablement orientée. Dans le « Pantheismusstreit », qui n'est qu'un épisode de la guerre métaphysique qui dure depuis des siècles, se réfléchit la dialectique de l'histoire de la raison tout entière. En Jacobi, nous retrouvons ces philosophies géniales qui, ayant rompu avec la raison et repoussé le dogmatisme platonicien et aristotélicien, se confièrent à des intuitions transcendantes et transrationnelles. En Wizenmann, au contraire, nous redécouvrons le retour à la tradition, au livre, et c'est la période qui précéda l'*Aufklärung*, le goût des idées claires et distinctes, qu'il représente et à laquelle il nous reconduit par son positivisme religieux. Enfin Mendelssohn représente la négation de cette position qui se traduit par « l'entier asservissement de la raison aux faits »[5]. C'est l'*Aufklärung* naissante : à la religion chrétienne se substitue la religion de la raison, la religion naturelle, ou, pour reprendre les termes bien connus de Lessing, « die christliche Religion » s'efface devant « die Religion Christi »[6]. On voit dès lors s'élargir encore la signification de la question « Qu'est-ce que s'orienter dans la pensée ? » : il s'agit de mettre fin à l'histoire de la raison et de l'orienter définitivement vers sa propre tâche : il s'agit de la réconcilier éternellement avec elle-même. La Critique en définissant la véritable orientation, en dévoilant un chemin jusque-là inconnu, veut mettre un terme à l'enfance de la raison, l'arracher à l'état de nature qui est guerre et violence, en un mot : satisfaire la plus profonde exigence de la raison, celle qui est au fond le moteur de cette dialectique et qui nous fait passer d'un moment de celle-ci à un autre, son exigence de *liberté*. Car ne l'oublions pas : « *la raison ne cesse de tendre vers la liberté* »[7] et elle ne sera elle-même majeure que le jour où, dépassant définitivement l'état de nature, elle ouvrira devant elle l'horizon infini de sa liberté.

Il nous a paru indiqué de choisir la « marche des choses » comme cadre général des commentaires que nous désirons présenter au sujet de « Qu'est-ce que s'orienter dans la pensée ? ». Plusieurs raisons ont déterminé ce choix. En premier lieu nous n'estimons nullement qu'un commentaire doive être constitué par des analyses dont le seul principe d'enchaînement est parfois le fait que, dans le texte de l'auteur, telle page vient après telle autre. En second lieu, nous ne désirons nullement paraphraser le texte de Kant et c'est là chose dont il est difficile de se garder lorsqu'on se contente de tourner une page après une autre. Ce danger est d'ailleurs particulièrement grand en ce qui concerne « Qu'est-ce que s'orienter dans la pensée ? » qui renferme des thèmes extrêmement divers et étrangers les uns aux autres ; ainsi les remarques de Kant sur l'interprétation du spinozisme, sur la notion de tradition, sur l'idée de révélation, sur la notion de démonstration métaphysique, enfin sur l'orientation géographique, la notion de finalité, etc. Il est trop tentant d'exposer tout ce que l'on peut savoir sur ces thèmes kantiens au fur et à mesure qu'on les rencontre. Nous avons donc résolument écarté cette méthode. En troisième lieu nous avons décidé de choisir pour cadre général de nos analyses la « marche des choses », parce qu'elle nous permettra – du moins nous l'espérons – d'intégrer dans un tout organique la multitude des éléments du texte kantien, sans pourtant présenter une simple reproduction de celui-ci. Il y aurait d'ailleurs bien de la prétention à vouloir écrire une seconde fois le texte de Kant et à penser que la paraphrase serait plus claire que la rédaction originale. Enfin nous avons estimé qu'en analysant successivement – suivant l'ordre de la « marche des choses » – les critiques dirigées explicitement par Kant contre Jacobi Wizenmann et Mendelssohn et en pénétrant les raisons de ce qu'on pourrait nommer leur *désorientation*, nous nous préparerions à bien comprendre la valeur de l'*orientation* kantienne. Nous saurons, lorsque nous aurons suivi pas à pas la « marche des choses », que l'esprit dans sa quête désespérée pour la liberté ne peut trouver de salut en dehors de l'orientation kantienne, et comment sans la Critique, sans la législation spirituelle qu'elle apporte « la raison demeure en quelque sorte à l'état de nature et pour rendre valables et garantir ses affirmations et ses prétentions, ne peut recourir qu'à la guerre... Ainsi que Hobbes l'affirme, l'état de nature est un état d'injustice et de violence... ». C'est ce dont on se persuadera en suivant la « marche des choses » qui dans tous ses moments s'achève dans la négation de la liberté de penser.

Décrivons brièvement – quitte à nous rendre coupable de quelques redites – les moments dont l'enchaînement constitue la dialectique de la « marche des choses ».

La « marche des choses » s'ouvrira par l'entrée en scène du « *génie* » du « Schwärmer » qui est personnifié par Jacobi. Nous le voyons déjà à l'instant de son triomphe : « il se complaît... dans son audacieux élan... après avoir rejeté le fil par lequel la raison le conduisait autrefois »[8]. Afin de bien saisir le motif qui anime la dialectique de la « marche des choses », nous devrons revenir sur ce « rejet de la raison » qui constitue l'« élan » du « génie » lui-même. Nous verrons que le rejet de la raison s'effectuera en deux moments qui, par une trompeuse dialectique, conduiront au triomphe de la « Schwärmerei » ou de l'enthousiasme : en un premier moment le « génie », entendez Jacobi, présentera « *l'idée de Dieu selon Spinoza comme étant la seule qui s'accorde avec tous les principes de la raison* »[9].

Puis – et ce sera le second moment – il déclarera, en s'appuyant sur une « soi-disant » « unmittelbare Anschauung », sur une « intuition immédiate »[10] que cette « idée » est inconciliable avec les exigences du cœur et de la foi. Dès lors le « génie » proposera une alternative ; ou le Dieu du cœur, ou le néant de la raison incapable de nous élever au divin : « Also das Nichts oder ein Gott »[11]. Cette intuition, cette « révélation » grâce à laquelle le « génie » repoussera l'idée de Dieu et la raison trop spinozistes à son gré, constituera ce que Jacobi nomme le « *saut périlleux* », – ou, comme le dit Kant, « l'audacieux élan » du génie dont procède la négation de la raison. Dès lors la « marche des choses » pourra se développer ; c'est en effet ce « saut périlleux » qui permet au « génie » de « détrôner la raison » et se prendre place sur le trône qu'elle « ornait si mal ».

Mais à peine, en effet, le « génie » triomphera-t-il que le second moment de la « marche des choses » s'annoncera pour chasser la raison ; le « génie » a dû se rendre semblable à ce « fol » qui

> « allait criant par tous les carrefours qu'il vendait de la sagesse ».

Ayant tranché le lien par lequel la raison le guidait autrefois, le « génie » s'est livré au mystère d'une intuition « transcendante » ; toute communication avec autrui lui sera impossible : bientôt son disciple doutera de la vérité de cette « révélation intérieure ». Wizenmann – car il s'agit à présent de lui – comprenant confusément que « seules les prescriptions de la raison sont universellement valables »[12], n'ajoutera plus foi aux inintelligibles discours du « génie » et, devenu méfiant à l'égard des révélations du sens *interne*, il tentera de découvrir dans la réalité *extérieure*, dans l'histoire, des témoignages possédant une certaine objectivité de par leur extériorité même. La « marche des choses », dans et par ce passage de la révélation interne à la recherche des témoignages extérieurs, dans cette *ré-orientation* qui conduit l'esprit à se fonder, non plus sur le sens interne, mais sur le sens externe, atteindra à son second moment.

Or de ces « témoignages extérieurs » qui succèdent aux « inspirations intérieures »[13], de ces « traditions qui, au commencement, étaient encore choisies »... « il doit sortir... *l'entier asservissement de la raison aux faits* ». En d'autres termes au désordre provoqué par le saut périlleux succédera un ordre de contrainte. En effet, écrit Kant, « la superstition se laisse... conduire à une forme *légale*, et par là à un état d'équilibre »[14]. En ceci, la « marche des choses » manifestera le progrès du second moment sur le premier ; déjà dans l'*ordre* qui s'institue s'annonce la raison – et à la vérité c'est elle qui a conduit le disciple à s'écarter de son maître. Toutefois, si l'institution de cet ordre est rendue possible par la rationalité elle-même, en tant qu'il s'agit d'un ordre, il n'en est pas moins inévitable que celui-ci soit renversé à son tour par la raison, comme l'avait été le « génie ». Car si la raison s'accommode de l'ordre, elle ne peut supporter la contrainte. Le second moment de la « marche des choses » rétablit bien l'ordre, mais il ignore que la « raison ne cesse jamais de tendre vers la liberté. Et c'est pourquoi il est un troisième moment en la « marche des choses », celui en lequel « *la raison vient à briser ses liens* » [15]. Hélas ! il est « nécessaire... que le premier usage d'une liberté longtemps restée sans exercice dégénère en abus » [16]. La raison n'ayant pour seul objet que d'affirmer son « indépendance », « n'admettra rien que ce qui peut se justifier par des raisons objectives » et se fiera uniquement à la « démonstration dogmatique, rejetant témérairement tout le reste » [17]. *Témérairement* dit Kant, car ce faisant la raison se verra obligée de nier de nouveau ce que le « génie » lui avait ravi et que la tradition lui avait si longtemps refusé : *la liberté de penser*.

Nous comprendrons alors que seule l'orientation kantienne peut mettre fin à la « marche des choses » et fonder pleinement la liberté de l'esprit. Notre chemin est donc tracé : nous n'avons qu'à suivre la « marche des choses » ; nous verrons la raison luttant contre le « génie », contre le fait, contre le dogmatisme et dans cette lutte, en laquelle est toujours menacée la liberté de penser, s'annoncera la vocation de l'esprit.

CHAPITRE III

LA RAISON ET LE GÉNIE

(La critique de Jacobi dans « Qu'est-ce que s'orienter dans la pensée ? »)

Jacobi est incontestablement le premier à être critiqué dans « Qu'est-ce que s'orienter dans la pensée ? ». Quelles sont les critiques que lui adresse Kant ? En premier lieu il lui reproche d'avoir affirmé que l'idée de Dieu selon Spinoza était « *la seule qui s'accorde avec les principes de la raison* »[1]. En second lieu d'avoir par la suite déclaré cette idée inadmissible, de ne l'avoir élevée si haut, et avec elle le système de Spinoza tout entier, que pour la rejeter avec éclat. Cela, dit Kant, nous ferait « presque conclure » que Jacobi n'avait, ce faisant, d'autre intention que de « *faire abdiquer la raison* » – car, et c'est le troisième point de la critique kantienne, Jacobi veut que la foi en Dieu trouve une « autre source » que la raison elle-même : la « révélation *interne* ». Ainsi la critique de Jacobi est essentiellement constituée de trois moments. Le premier s'attache au point de départ de Jacobi ; l'idée de Dieu selon Spinoza. Le second concerne la négation dialectique de la raison, identifiée par l'auteur des « Lettres à Mendelssohn sur la Doctrine de Spinoza » au système spinoziste lui-même. En d'autres termes la critique en ce second moment porte sur le « saut périlleux ». Le troisième moment s'applique au nouveau fondement proposé par Jacobi à la morale et à la foi : la révélation intérieure. Le dernier moment de la critique de Jacobi correspond au commencement de la « marche des choses » – *der Gang der Dinge* – lorsque, encore plein d'assurance, « le génie se complaît en son audacieux élan, après avoir coupé le fil par lequel la raison le guidait autre fois ». Dans son enthousiasme le génie ne s'aperçoit pas encore qu'il est enfermé en une contradiction, qui ne pourra se résoudre que par un *premier changement d'orientation* ; celui en lequel précisément son ami Wizenmann se détournera de lui et cherchera à fonder la foi non plus sur la révélation du sens interne, mais sur la tradition et les témoignages fondés sur le sens externe[2].

Appliquons-nous à reconstruire systématiquement la critique de Jacobi, présentée dans « Qu'est-ce que s'orienter dans la pensée ? » selon les trois moments que nous avons cru pouvoir discerner.

§ 1 – *Le point de départ du « génie ».*

Kant explicite le sens du premier reproche qu'il fait à Jacobi – avoir choisi le système de Spinoza comme modèle de la rationalité et s'en être servi comme point de départ – dans la note qu'il consacre à Spinoza[3]. En cette note, afin de montrer que le spinozisme n'est nullement un système susceptible d'être choisi comme modèle de la raison, Kant insiste sur deux points : d'une part il souligne l'erreur *méthodique* du système de Spinoza ; d'autre part, il met en lumière les erreurs concernant le contenu du système : sa conception de l'idée de Dieu et de la conscience. Selon Kant, le système de Spinoza est donc doublement faux ; non seulement sa forme méthodique repose sur une fausse conception des principes de la démarche philosophique, mais encore l'idée de Dieu qui est le concept suprême de la philosophie – l'idéal de la raison pure – enveloppe, telle qu'elle est comprise en la philosophie de Spinoza, une « exigence *passant toutes les bornes* » et qui ne peut s'« appuyer sur rien »[4].

Le premier point est aisé à comprendre et ne mérite guère d'éclaircissements. Pour Kant, la logique n'est point mathématique. Partant de l'affirmation critique : « la géométrie et la philosophie sont choses tout à fait différentes »[5], Kant indique « l'absurdité initiale »[6] du système de Spinoza dans la conception erronée des principes de la démarche philosophique qu'il présente en prétendant la construire sur le modèle de la géométrie. « Par rapport à la connaissance des objets supra-sensibles, la *Critique* a définitivement rogné les ailes au dogmatisme ; or le spinozisme est sur ce point tellement dogmatique qu'il va jusqu'à rivaliser avec le mathématicien en la rigueur des preuves »[7]. Sur ce point méthodique Kant rejette donc entièrement et sans appel le système de Spinoza ce n'est qu'un « château de cartes »[8] et si, avec son élève L.H. Jacob, il est assez disposé à admettre que le spinozisme « comblerait sans peine les lacunes que Mendelssohn croit y trouver… »[9], il n'en demeure pas moins que, pour la Critique, la *forme* méthodique de ce système en constitue la négation comme philosophie proprement dite.

À cette erreur sur le concept de la démarche philosophique et sur sa forme méthodique répond l'erreur portant sur l'objet de la philosophie, sur son *contenu* suprême : l'idéal de la Raison pure. On examinera ce point de plus près : d'une part il appelle plus d'éclaircissements ; d'autre part sa signification est centrale dans le « Pantheismusstreit ». Kant refuse d'accorder à Jacobi que l'idée de Dieu selon Spinoza soit réellement issue de la raison elle-même, et pure de toute contradiction. L'objection que Kant présente à Jacobi semble proche de celle de Wolf ; mais elle est naturellement remaniée d'après ses propres principes. L'erreur générale de Spinoza est d'attribuer l'étendue à Dieu. Loin d'en donner, ce faisant, une idée parfaite, Spinoza ne peut que proposer une représentation de Dieu qui « ne différerait de l'éternel Destin imaginé par certains anciens que par la description plus intelligible qu'on ferait de lui »[10]. Spinoza qui ainsi « prétend reconnaître l'impossibilité d'un être dont l'idée est constituée de purs concepts de l'entendement, dont on a seulement *écarté toutes les conditions de nature sensible* »[11], parvient sans doute, à l'aide de cette idée, à donner une réponse à la difficile question de savoir comment Dieu n'est point tout – et Kant semble estimer que le désir de résoudre cette question est en partie à l'origine de l'idée de Dieu spinoziste. Il n'en demeure pas moins qu'il commet une grave erreur et celle-ci surgit en pleine lumière si l'on considère successivement le contenu et la forme de l'idée de Dieu selon Spinoza. En attribuant l'étendue à Dieu, Spinoza, selon Kant, réunit en son concept des déterminations contradictoires. En effet « Spinoza admet deux attributs de la divinité, l'étendue et la pensée et la modification du premier est le mouvement. Cependant, étant donné qu'il veut que le mouvement procède, non pas de la pensée, mais de la nature même de l'Être, Dieu ne saurait plus être distingué du monde »[12]. Dès lors Spinoza entre en une contradiction que le deuxième scolie de la proposition X du livre second de l'*Éthique* ne saurait lever ; il est contraint de lier le monde à Dieu : « or... le monde n'est pas un mode de la divinité. Nous constatons en lui des conflits, des déficiences, des changements, toutes choses incompatibles avec les déterminations du divin »[13]. Telle est l'erreur que découvre Kant par rapport au contenu dans l'idée de Dieu selon Spinoza. Celle qu'il dénonce par rapport à la forme est peut-être encore plus importante à ses yeux. Après Wolf, c'est la représentation toute spatiale de « l'être des êtres » chez Spinoza que ne peut accepter Kant. Pour le spinozisme, on sait que « toutes les négations... sont de simples limitations d'une réalité plus grande et en définitive de la plus haute réalité : partout elles la supposent et en dérivent simplement quant à leur contenu »[14]. Mais selon cette hypothèse, que nous rappelle « Qu'est-ce que s'orienter dans la pensée ? »[15], il est aisé de voir que « ce qui fait la diversité des choses, ce n'est qu'une manière également diverse de limiter le concept de la réalité suprême qui est leur *substratum* commun : pareillement toutes les figures ne sont possibles qu'à titre de manières différentes de limiter l'espace infini »[16]. Dès lors admettre avec Jacobi qu'il s'agit bien là de la véritable forme de l'idée de Dieu, serait considérer l'Être suprême comme un pur tout « à diviser » et l'on ne saurait voir en cet être qu'un « *simple agrégat d'êtres dérivés* »[17]. Comment considérer ainsi l'essence divine sans en nier la forme réelle ? – il faut cependant la considérer ainsi, si l'espace doit être un attribut substantiel de Dieu.

Jacobi ne peut donc *raisonnablement* penser qu'on puisse attribuer à titre de détermination l'espace à « l'Être des êtres » : Dieu est « *ens extramundanum* »[18]. Si l'on élève l'idée de Dieu au rang de « *principe* » et non plus d'ensemble, si l'on excepte de ses déterminations les conditions sensibles, on retrouvera son exacte signification. et sa forme véritable : celles que Leibniz lui avait données. En effet « la diversité des choses ne reposerait pas sur la *limitation* de l'être originaire, mais sur son *développement* parfait, dont notre sensibilité tout entière ferait partie avec toute la réalité comprise dans le phénomène, sans qu'elle puisse appartenir en qualité d'ingrédient à l'idée de l'être suprême »[19]. Faut-il par ailleurs rappeler que la quatrième antinomie, selon Kant, démontre amplement que Dieu, s'il doit être pensé, doit l'être comme « *ens extramundanum* » ? L'idée de Dieu selon Spinoza, est bien loin d'être le modèle et l'idéal de la raison pure ; ce n'en n'est qu'une « première et grossière esquisse »[20].

On peut juger à présent de la valeur qu'accorde Kant au point de départ de Jacobi. Celui-ci veut trouver en un système faux de par sa forme méthodique la manifestation la plus pure de la raison ; il veut que l'idée de Dieu, objet suprême de la philosophie, telle qu'elle est développée en ce système, soit « la seule qui s'accorde avec tous les principes de la raison » – or cette idée n'est dans le spinozisme qu'une « première et grossière esquisse », erronée, aussi bien en son contenu qu'en sa forme, de l'idéal de la raison pure. Le point de départ de Jacobi est ainsi radicalement inacceptable ; raison ne signifie nullement spinozisme et toute la dialectique qui s'enracine en cette équation est vaine ; Jacobi ne lutte pas contre la raison authentique, mais contre sa caricature. Ce qu'il veut jeter à terre n'est qu'un « château de cartes ». Aussi bien peut-on en dépit de sa grande sévérité reprendre ici le jugement que Kant portait sur Jacobi en sa lettre à M. Herz du 7 avril 1786 : l'entreprise de Jacobi n'est nullement sérieuse ; ce n'est qu'un enthousiasme affecté soutenu par le désir de se faire un nom « Die Jacobische Grille ist keine *ernstliche,* sondern nur eine affectirte Genieschwärmerey um sich einen Nahmen zu machen... »[21].

§ 2 – *De la « Schwärmerei » :*

> Zuerts gefällt sich das Genie sehr in seinem kühnen Schwunge, da es den Faden, woran es sonst die Vernunft lenkte, abgestreift hat. A.K., VIII, p. 145.

Si Kant repousse avec autant de netteté l'affirmation initiale de Jacobi, c'est surtout, on s'en doute bien, en fonction de l'usage auquel la destine l'auteur des « Lettres »... s'en servir à la façon d'un tremplin pour prendre « son élan » et s'installer sur le « trône qu'une raison lente et pesante ornait si mal... »[22]. Jacobi – ou si l'on préfère dès ce moment : le « génie » – révèle qu'il n'a identifié le « système de la pure Nature »[23] au « système de la raison pure », que pour mieux réussir à faire « abdiquer complètement la raison » en déclarant « inadmissible », au nom d'une intuition qualifiée de croyance ou d'un « prétendu et mystérieux sens de la vérité » – *Wahrheitsinn* – l'idée de Dieu dont il affirmait, il n'y a qu'un moment, l'absolue rationalité. Apercevant que cette idée enveloppe la négation de toute liberté humaine et de toute éthique, Jacobi prétend la dépasser en un « saut périlleux » qu'il appuie sur une révélation intérieure, sur le langage mystérieux de la foi. La négation de la raison que Jacobi nomme « saut périlleux » n'est en effet rien d'autre chose que cette appréhension métaphysique d'une réalité transcendante en laquelle l'esprit devait redécouvrir les vérités pratiques dont l'éloignaient les raisonnements rigoureux de l'entendement et de la raison. En sa lettre à Kant du 16 novembre 1789 Jacobi définit nettement « cette intuition qualifiée de croyance » qui lui permet de nier les résultats de la raison spinoziste : « J'affirme, écrit-il, qu'il est en l'homme une liaison aussi évidente qu'incompréhensible du sensible et du supra-sensible, du naturel et du surnaturel et que celle-ci ne peut être aperçue – *wahrgenommen* – et reconnue en sa réalité effective, sans qu'aussitôt elle ne livre la solution de l'apparente contradiction de la raison avec elle-même »[24]. Même si l'on tient compte du titre de l'article de Kant et de son introduction dirigée contre Mendelssohn[25], il est possible de le considérer dans son ensemble comme une vigoureuse protestation contre ce renversement dialectique par lequel on prétend ôter à la raison son droit « à parler la première »[26]. Kant, au début de « Qu'est-ce que s'orienter dans la pensée ? », définit on ne peut plus clairement le but auquel doit tendre son exposé : « ... je montrerai qu'en réalité c'est par la raison qu'il convient de s'orienter et non par un soi-disant et mystérieux « sens de la vérité », ou une intuition transcendante qualifiée de « croyance », sur lesquels il serait loisible sans le consentement de la raison de greffer et la révélation et la tradition »[27].

Il est donc nécessaire que ce soit par une absolue contradiction que le « génie » (Jacobi) s'imagine « que la raison pourrait apercevoir l'impossibilité d'un objet et en reconnaître tout de même la réalité à d'autres sources »[28]. Kant, cela est clair, conteste sans réserve à Jacobi le droit de prétendre par « une intuition, une révélation immédiate ou quelque autre nom qu'on veuille donner à une telle représentation » transformer en une « contradiction apparente » de la raison avec elle-même, le divorce absolu, l'opposition totale, que les « Lettres sur la Doctrine de Spinoza » ont instaurés entre le système de la raison (ou plutôt de la nature) et les exigences de la foi. En effet, admettons que la raison ne soit pas foncièrement en contradiction avec elle-même et qu'il ne s'agisse que d'une « contradiction apparente », comme le dit Jacobi en sa lettre de 1789 à Kant, ... à quoi bon en ce cas un « saut périlleux » ? Si Jacobi accorde que c'est « quelque chose de triste, et d'humiliant qu'il puisse y avoir... une antithétique de la raison pure » et que cette dernière repose sur un « malentendu »[29] pourquoi voudrait-il nous faire admettre, en ce cas, « une source de la pensée et de l'action qui demeure... entièrement inexplicable ? »[30]. Oui : « Pourquoi tourner le dos à toute philosophie », s'il ne s'agit que de « contradiction apparente » ? – Mais inversement supposons, comme le prétendent les « Lettres sur la Doctrine de Spinoza », qu'il s'agisse d'une réelle contradiction, que la « vraie philosophie » contredise la foi, que les affirmations d'une raison absolue s'opposent entièrement aux exigences pratiques : en ce cas, il sera toujours impossible de transformer cette contradiction pure en une « contradiction apparente de la raison avec elle-même ». Si l'esprit est « véritablement » divisé entre « devoir » et « raison », si l'Être en sa nature est l'opposé de toute liberté, une simple pirouette, un saut périlleux, ne saurait déplacer au cœur de la raison, c'est-à-dire poser comme pure construction de l'esprit, le résultat d'une dialectique qui épouserait à l'image du système de Spinoza, l'ordre des choses en soi. Entre « Dieu ou le Néant », d'ailleurs, nous n'aurions pas même le choix, qui présuppose la liberté, que le mouvement dialectique de la raison aurait d'ores et déjà exclue ; la contradiction devrait s'insérer dans l'être sans jamais pouvoir en être expulsée.

En un mot Kant refuse à Jacobi le droit de parler de contradiction apparente de la raison avec elle-même que seul le « saut périlleux » pourrait dénouer. Si la contradiction est apparente, la négation de la raison est inutile ; si la contradiction est réelle la négation de la raison est impossible. Si la raison montre effectivement l'impossibilité de son objet, en dépit du « saut périlleux », « aucun assentiment » aux vérités de la foi pratique ne saurait être concevable. Aussi bien le « saut périlleux », loin d'être un chemin, une *orientation* vers Dieu, ne saurait être qu'un refus de penser.

Ce refus de penser, Kant le nomme « schwärmerei ». Terme à la vérité quasi intraduisible. On l'emploie à cette époque à propos de tout et de rien. Ce terme a pourtant chez Kant un sens plus précis semble-t-il que chez d'autres auteurs et en tous cas, que chez Wieland. Comme ce terme revient à plusieurs reprises dans « Qu'est-ce que s'orienter dans la pensée ? » à propos de Jacobi – *Genie schwärmerei* – nous devons nous y arrêter un moment. S'il nous fallait donner ici une définition de la « Schwärmerei » en son sens philosophique, nous dirions volontiers qu'elle est raison pure, mais… à l'*envers*. Elle est : *de-mentia*, « Un-vernunft »[31]. C'est bien, en effet, pour parler avec Jacobi, se trouver « la tête en bas »[32]; et cet état suppose bien un saut « périlleux ». Toutefois l'on aurait bien tort de penser que l'Un-vernunft est inoffensive. Au contraire, elle a beau « marcher sur la tête »[33] elle marche quand même, et on l'a bien vu dans cette polémique. Nous dirons donc que la « Schwärmerei » définit une raison apparente, une raison qui est encore maîtresse de toute sa puissance dialectique, mais qui règle la logique sur l'affectivité, qui substitue à la distinction de l'intuition et du concept leur unité dans un soi-disant « sens de la vérité », à la séparation du phénomène et de la chose en soi, leur fusion dans la révélation du sens intérieur. En un mot la « Schwärmerei » est « le renversement des principes » : *le mal en philosophie*[34]. On voit dès lors en quel sens le « saut périlleux » est un refus de penser; plus qu'un simple refus de penser, c'est un refus de penser sainement. En vérité le « Wahrsihn » n'est que « Wahnsinn »[35] – Notons enfin qu'il y a plusieurs sortes de « Schwärmerei » et définissons plus précisément celle du « génie », à laquelle nous allons avoir affaire dans un instant, par son caractère d'inspiration poétique ou prophétique et sa prédilection pour l'observation du for intérieur. Comme le dira Kant, parlant de Jacobi, dans son article de 1786 : « Von einem neuerdings erhobenen Ton in der Philosophie » cette « Schwärmerei » ouvre, à la condition de posséder un « pénétrant regard sur son intérieur », la porte à une philosophie « du sentiment, qui nous conduit droit aux choses elles-mêmes et qui fait fi des ratiocinations appuyées sur les concepts ». – Hegel complètera cette définition en soulignant le côté esthétique. « Chez Jacobi la subjectivité… semble retourner… à sa véritable figure concrète, à la beauté subjective du sentiment et à l'aspiration lyrique vers le ciel[36]. (J'ai donc choisi de traduire « Schwärmerei » par « enthousiasme » en sous-entendant la nuance légèrement péjorative qui était autrefois celle de ce terme et en espérant rendre ainsi plus sensible ce complexe de mysticité et d'esthétique qui définit le « génie ». À la vérité comme l'a dit magnifiquement Schlegel, Jacobi était « un voluptueux de l'esprit »[37]).

§ 3 – *Le « véritable orgueil » du génie.*

C'est donc l'heure où triomphe le « génie » : Jacobi célèbre sa victoire sur la raison ; « l'insensé dit en son cœur : « Il n'est point de Dieu ». Pour l'homme sage il est présent en sa propre âme[38]. Le génie se complaît encore en son audacieux élan. Il croit tenir en soi-même la vérité pure, car « il y a une paix de Dieu qui dépasse toute intelligence ». Il charme, comme le dit Kant, les autres « par des sentences impérieuses »[39] ainsi : « le spinozisme est athéisme ». – « L'élément de toute connaissance et de toute activité humaine est la foi » ; il y ajoute de brillantes « promesses »[40] : « Va donc et obéis fidèlement à ton Dieu inconnu »[41]. Bien plus, c'est à la raison pure elle-même qu'il affirme emprunter ses affirmations : il enseigne la « même chose »... Nous devons, avec Kant, dévoiler le « *véritable orgueil* » qui se masque sous le nom de « Glaube ». Certes Jacobi s'écrie : « Je ne suis point par moi-même[42]. Mais en lui le « génie » est bien loin, à la vérité, d'avoir renoncé aux prétentions de la raison métaphysique. En effet lorsqu'il exige « une intuition immédiate d'un genre tel (qu')... une intuition de Dieu[43], le génie reprend d'une main ce qu'il apparaissait avoir abandonné de l'autre. Cette « unmittelbare Anschauung », cette intuition immédiate dit Kant, la nature « pour autant que je la connaisse » ne peut jamais me la « livrer »[44]. Nous ne nous y tromperons donc point : ce que le génie voudrait c'est « s'être enfin placé sur le trône qu'une raison *lente et pesante* ornait si mal, sans cesser toutefois d'en tenir le langage »[45]. Ce que le « saut périlleux » espère nier, ce sont bien moins les ambitions ontologiques de la raison dogmatisante, que la « lenteur », la « pesanteur » qui s'attache à la voie des démonstrations en laquelle, comme le dit Kant, « chaque pas doit être justifié »[46]. La vérité est que la démonstration la plus métaphysique ne suffit point à apaiser la soif d'Absolu qui hante la conscience du génie. La démonstration est discursivité, elle suppose nécessairement « entre » Dieu et la conscience une chaîne de raisons. Dieu n'est pas immédiatement présent à la raison dogmatique : en son essence même l'argument ontologique est médiation (et non immédiation) de la conscience et de l'Absolu ; en lui se manifeste cette pesanteur en quelque sorte originaire et métaphysique qui définit la constitution de l'esprit de l'homme – conscient ou non des limites inhérentes à la raison – et lui interdit toute saisie *immédiate* de l'Être. Jacobi ne tolère même pas la *modestie* implicitement comprise dans l'idée que la raison doit donner la preuve de l'existence de Dieu. Il veut nier la finitude de la raison humaine qui est au fondement du mouvement qui la constitue comme désir de l'Être, ou pour parler comme Fichte, comme nostalgie de l'éternel, « Sehnsucht nach dem Ewigen »[47]. L'énergie avec laquelle il refuse les preuves de l'existence de Dieu et les démonstrations métaphysiques par lesquelles la raison s'efforce de procurer un apaisement à ce « besoin » de l'Être, à cette nostalgie de l'Absolu qui la hantent, cette énergie relève non pas d'une reconnaissance des véritables limites de l'esprit humain, mais bien plutôt du désir forcené d'effacer ces limites. À la vérité la raison dogmatique est moins éloignée – en dépit des apparences – du criticisme que ne l'est le génie. Au cœur même de l'idée d'une preuve de l'existence de Dieu se dessine une première réflexion de l'esprit sur ses propres limites; n'enveloppe-t-elle pas l'aveu que « la raison de l'homme ne parvient pas à s'élever au point de vue de Dieu lui-même »[48] ? Toute idée de preuve métaphysique suppose la reconnaissance de la séparation de la conscience et de l'Absolu et en toute métaphysique dogmatique cette idée ne peut être prise au sérieux sans qu'un germe de criticisme ne commence à se développer. Descartes avance des preuves de l'existence de Dieu, mais comme l'a montré M. Alquié, le résultat de celles-ci consiste surtout à reconnaître que non seulement Dieu est l'au-delà de tout sensible, mais encore de toute compréhension ; « ... j'avoue, dit Descartes, ... que Dieu ne peut être compris par l'esprit humain, et même qu'il ne peut être distinctement connu par ceux qui tâchent de l'embrasser tout entier et tout à la fois par la pensée et qui le regardent comme de loin »[49]. C'est cet « aveu » de la raison métaphysique que Jacobi veut nier et s'il repousse les démonstrations métaphysiques ce n'est point pour mieux indiquer à l'esprit ses limites, c'est pour les effacer en vérité. Il faut que l'Absolu soit présent en nous, comme nous en lui, que Dieu nous parle immédiatement. Cette exigence, qui est celle du génie, ne saurait être prise au sérieux si l'aveu contenu en l'idée d'une preuve de l'existence de Dieu n'est point tout d'abord étouffé.

Aussi bien nous apercevons aisément que Jacobi nous trompait lorsqu'il affirmait en sa « Réponse aux accusations de M. Mendelssohn » partager avec la *Critique de la raison pure* l'idée de la raison comme d'un pouvoir de « juger médiatement »[50]. Car au lieu d'accepter avec humilité cette « médiatité » du savoir, comme le veut l'esprit critique le plus élémentaire, Jacobi ne cherchait qu'à la dépasser en reprochant à la raison la « rage de tout expliquer »[51]. Encore une fois « explication » signifie discursivité; ou du point de vue de l'objet : impossibilité de saisir la totalité immédiatement. La *Critique de la raison pure* calme, on le sait, cette « rage de tout expliquer » d'une façon bien différente de celle choisie par Jacobi : elle reconnaît que la raison « a besoin d'un... principe d'explication »[52], et, conduisant l'esprit à la conscience humble de ses limites, elle lui propose de transformer en hypothèses rationnelles ces affirmations qui lui semblent satisfaire « le droit du *besoin de la raison* »[53]. C'est pourquoi il est permis à Kant d'écrire en jugeant ceux qui, tel Jacobi, protestent contre l'insuffisance de l'esprit: « En elle-même l'ignorance est... sans doute la raison des limites de notre connaissance, mais non celle de ses égarements »[54].

« La philosophie du non-savoir... est... difficile, dit Kant, parce qu'elle doit remonter jusqu'aux sources de la connaissance[55]. C'est dire qu'il ne suffit pas, comme le croit Jacobi, d'être antidogmatique et de nier un savoir rationnel absolu pour pouvoir se prétendre kantien. Si nous ne considérons plus le côté en quelque sorte négatif de l'intuition « transcendante », qui répond à la négation de la raison, mais son côté positif « qualifié de croyance », nous verrons s'annoncer en celui-ci la dialectique qui fixe le destin du « génie » en la « marche des choses ». Comme nous l'avons remarqué, la révélation immédiate sur laquelle se fonde Jacobi revient « à sauver sous un autre nom tout ce que la Critique estimait avoir rejeté »[56]. Mais s'il est vrai que l'exigence « hyper-métaphysique » qui est à la source de la démarche du « génie » passe les bornes de l'humaine raison, nous devons découvrir en la révélation immédiate à laquelle elle aboutit, s'il est permis de s'exprimer ainsi, le signe de sa nécessaire vanité. Qu'on y réfléchisse en effet: la révélation intérieure, sur laquelle Jacobi veut s'appuyer, – intérieure parce que rien, pas même la distance dans l'espace, ne doit séparer la conscience et Dieu – présuppose la plus haute affirmation ontologique. Elle doit en fait témoigner que l'absolu est devenu phénomène, que la chose-en-soi s'est confondue avec l'*Erscheinung*. Une telle affirmation doit renfermer en elle-même les conditions de son impossibilité. Le « génie » doit, conformément à son exigence, porter Dieu « en sa propre âme », dans le sens interne. Mais l'esprit de l'homme ne saurait vouloir être la cause de la pénétration de l'au-delà du règne du phénoménal au cœur de celui-ci. Il ne lui est donc possible d'affirmer une telle présence en lui, que s'il abandonne la loi de la raison qui nie une telle pénétration, et se pense lui-même comme une passivité totale et pure; le « génie » doit s'être voulu « ténèbres ». « Répétons-le, insiste Jacobi, l'entendement de l'homme n'a pas sa vie, sa lumière en Soi »[57]. « Hoc ergo discernite, aliud esse lumen quod illuminat, aliud esse quod illuminatur. » Pour recevoir la révélation interne l'esprit doit être absolue passivité. Et d'ailleurs, comme le disait Fichte: seule la surface tranquille de l'eau reflète la lumière du soleil. – Mais si la lumière de l'esprit lui vient d'une « autre *source* »[58] que lui-même, si la raison n'est pas l'ultime pierre de touche de la vérité, la garantie de sa certitude ne peut qu'échapper au « génie ». En effet, puisqu'elle n'est que passivité, son intuition est faussement absolue et ne peut prévenir la question de savoir si ce (« was ») qui « m'apparaît ou agit sur ma sensibilité... » de façon intérieure, est bien Dieu. Comment le « génie » qui n'est qu'un pur « sentir » (« wahr-nehmen »)[59] pourrait-il interdire, par et dans cette question, à la raison de reprendre son « droit à parler la première ? » Dès maintenant, le « génie » est incapable de tenir plus longtemps « le langage de la raison » et cette dernière s'impose comme l'instance qui doit être consultée[60] « d'abord » – zuerst – comme ce qui doit « précéder » – *vorhergehen* – toute affirmation en l'homme. Parce que sa certitude n'est que « sentir », un reflet et non une illumination active, la révélation se montre à présent *moins immédiate qu'absolument médiate*[61]. Elle se fonde sur un au-delà, sur un « Jenseits », elle n'est que le complément direct d'un « agir », d'un « wirken » dont le sujet lui demeure inconnu et qui peut être tout autre que sa manifestation. De plus, précisément parce qu'une telle expérience interne ne peut être rattachée à une règle qui découle de la nature de notre entendement, elle devra se réduire à une somme d'impressions que l'on ne pourra jamais *objectiver*, dont on ne saura jamais si un objet leur correspond ou si elles ne sont que de simples rêveries et productions de l'imagination. Aussi bien, dans le « Conflit des Facultés », Kant pourra écrire, dénonçant une fois encore l'absurdité du mouvement de Jacobi, cherchant à sentir Dieu : « Vouloir sentir comme telle l'action immédiate de la divinité, est… une exigence contradictoire »[62]. Mais est-il besoin de discuter plus longtemps ? Même si nous devions accorder à Jacobi que « … dans sa grâce l'Éternel devient présent à l'homme et parle avec lui », un doute demeurerait encore[63]. « En effet même si Dieu parlait effectivement à l'homme, celui-ci ne pourrait cependant jamais savoir que c'est Dieu qui lui parle. Il est impossible que l'homme doive par ses sens saisir l'infini, le distinguer des êtres sensibles et le connaître. Mais ce dont il peut se convaincre parfois, c'est que ce n'est point Dieu dont il croit entendre la voix, car si ce qui est ordonné par cette voix est contraire à la loi morale, si majestueuse et si élevée au-dessus de la nature que lui semble cette apparition, il devra cependant n'y voir qu'une illusion »[64]. En ces quelques mots Kant énonce la vérité de la révélation intérieure : non seulement elle est invérifiable, mais encore elle n'est concevable qu'à la condition de se confondre avec la raison pratique et d'ordonner ce que celle-ci ordonne. Aucune révélation ne peut nous conduire au-delà de la raison et partant, si l'on considère jusqu'à quel point s'est développée l'histoire de la raison humaine, il faut dire qu'elle est inutile. La révélation ne peut être vraie sans nous dire ce que nous savions déjà par la seule puissance de notre raison. Dit-elle autre chose ? Elle est dès lors fausse, douteuse et inutile. Douteuse parce que nous n'aurons jamais de réponse à la question de savoir « si nous sommes bien en droit de tenir pour une divinité ce qui nous parle »[65], fausse parce qu'il ne peut y avoir d'autre vérité que celles qu'énonce la raison pratique, inutile enfin « parce que nous ne comprenons que celui qui nous parle par notre raison et notre entendement propre »[66].

« L'enthousiasme, dit Leibniz, était au commencement un bon nom; l'enthousiasme signifie qu'il y a une divinité en nous. *Est Deus in nobis* »[67]. Au commencement... Car désormais il en sera du mot « enthousiasme » comme du mot de sophisme qui venait de sagesse; enthousiasme signifiera pour nous : « Schwärmerei ». Mais avant de quitter le « génie », sachons mesurer le danger, la vivante menace qu'il constitue pour la raison. En effet, par sa faute, c'est notre « unique trésor », la *liberté de penser*, qui risque de disparaître. En fait le résultat principal auquel aboutit le « génie » est de confirmer la malédiction de Babel; il rend de nouveau vivante « la confusion des langues » ; comme le dit Kant, si « chacun s'abandonne à son inspiration », « une confusion de langage ne peut tarder à naître... puisque seules les prescriptions de la raison sont universellement valables »[68]. Tandis que l'effort de la rationalité kantienne est tout entier orienté vers l'institution d'un langage universel, Jacobi « tournant le dos à toute philosophie », non seulement nous empêchera de le comprendre, mais bientôt nous empêchera de nous comprendre entre nous. Car combien sauront résister à l'attrait de la révélation du for intérieur, bien qu'elle soit incompréhensible et incommunicable? Dès lors l'incompréhension deviendra l'éther des consciences, chacun parlant sa propre langue, et *la raison retournera à l'état de nature : la guerre.* Guerre et incompréhension sont deux faits qu'on ne saurait dissocier; ne pas comprendre autrui, en effet, ne laisse d'autre issue que la force en laquelle triomphe l'abolition de tout respect pour celui-ci. Ce faisant la « Schwärmerei » révélera une fois de plus qu'elle est, une raison à l'envers, car elle nous mènera à rejeter l'idée d'une « constitution ayant pour but la plus grande liberté humaine fondée sur des lois, qui permettraient à la liberté de chacun de subsister en même temps que la liberté de tous les autres »[69]. Et la liberté de penser sera la première atteinte; chacun voudra imposer à chacun sa propre vérité. Nous voyons ainsi le danger que représente le « génie » et quelle *désorientation* de la raison s'exprime en lui, puisqu'il la contraint à renier son idéal et à prendre le chemin qui mène à la négation de la liberté de penser, « unique trésor » de la conscience.

La désorientation du « génie » prend sa source en son orgueil il a voulu « voir plus loin... que les autres »[70] et en ceci était déjà visible le terme de sa démarche : la négation de la liberté de penser. Au pluralisme de la philosophie critique, il opposait, en effet, un « égoïsme spéculatif » qui est la négation de toute communication entre êtres raisonnables. À la vérité de tous, il substituait déjà la vérité d'un seul qui ne pourrait s'imposer que par la force et la négation de la liberté de penser. Toute la philosophie kantienne condamne une telle désorientation : « ... *penserions-nous beaucoup et penserions-nous bien*, demande Kant, *si nous ne pensions pas pour ainsi dire en commun avec d'autres, qui nous font part de leurs pensées et auxquels nous communiquons les nôtres*»[71]. Nous ne pouvons être des êtres pensants, c'est-à-dire raisonnables, si nous ne pensons pas en *commun*, et nous ne pouvons penser en commun sans la liberté de penser. Sans liberté de penser il n'est pas de raison et le royaume de la force dont le « génie » dévoile l'aurore contient en soi la négation de notre dignité d'êtres raisonnables. Ce que nie Jacobi est finalement la découverte la plus révolutionnaire – et peut-être aussi la moins comprise du criticisme le cogito est plural. Je pense = penser en commun : *Ich denke* = « in-Gemeinschaft-mit-anderen-denken ». Et l'on oublie trop souvent que le problème de la *Critique de la raison pure* consiste à savoir comment les consciences peuvent *communiquer*, comment elles peuvent dépasser la subjectivité vers un monde objectif qui leur est commun, comment est possible la vérité »[72]. En niant ce cogito plural, en voulant « voir plus loin... que les autres », Jacobi n'aura donc pu ni bien penser, ni atteindre la vérité. Et c'est pourquoi, dit Kant, il a paru vouloir ouvrir la porte à la superstition et même à l'athéisme, faire en sorte qu'ayant perdu le fil conducteur de la raison qui nous mène à la vérité et à la liberté, tout en nous rapprochant d'autrui, chacun puisse se choisir une autre foi que celle de la raison en se fondant sur son « bon plaisir ».

Le plus tragique en tout ceci est que, peut-être, la désorientation du « génie » est définitive ; la « Schwärmerei » en philosophie, avons-nous dit, est le mal : ce mal est peut-être radical. En effet n'est-ce pas le chemin de la folie ? N'est-ce pas à la *dementia* que s'identifie l'*Unvernunft* ? Et s'il en est ainsi, comment espérer que la raison puisse lui faire entendre raison ? « Ce trouble de l'esprit, remarque Kant en son Anthropologie, ne peut... être supprimé par des raisons – en effet que pourraient celles-ci contre de prétendues intuitions ? »[73]. Toutefois de même que Socrate ne désespère pas d'amener Calliclès à reconnaître la vérité de la Justice et le néant de la force, en homme de bonne volonté, Kant ne désespérera pas de faire entendre raison à Jacobi et il l'invitera à se ré-orienter selon la raison : « De tout temps, lui écrira-t-il, il a été nuisible pour une pensée bien fondée, de s'élancer, avec précipitation, en des entreprises dont la fin est sans doute élevée, mais bien lointaine. Celui qui montre les écueils, ne les a point cependant disposés lui-même. Et même, s'il nie qu'on les puisse franchir toutes voiles dehors – comme le dogmatisme –, il ne nie toutefois pas encore toute possibilité de les traverser heureusement. Je ne crois pas que vous estimiez ici le compas de la raison inutile ou trompeur »[74].

CHAPITRE IV

LA RAISON ET LE FAIT

(La critique de Thomas Wizenmann
dans « Qu'est-ce que s'orienter dans la pensée ? »)

> Glaubst du denn von Mund zu Ohr
> Sei ein redlicher Gewinnt ?
> Uberliefrung, O du Thor
> Ist auch wohl ein Hirngespinnt !
>
> Goethe. Divan.

La vérité de la révélation intérieure est ainsi la malédiction de Babel : « die Sprachverwirrung » – la confusion des langues. En effet, si « chacun s'abandonne à son inspiration », « une confusion de langage ne peut tarder à naître.. puisque seules les prescriptions de la raison sont universellement valables »[1]. À chaque mot le génie ressuscite l'ancienne malédiction dont la *Critique de la raison pure* nous fait souvenir qu'elle « devait immanquablement diviser » les hommes et les « disperser par tout le monde »[2]. Aussi bien Wizenmann qui jusqu'ici avait suivi le génie en la personne de Jacobi, croit-il devoir s'en séparer à présent : « Jacobi, écrit-il, s'élève par analogie avec l'inexplicable pouvoir de la volonté humaine – qui est pour lui une vivante étincelle, jaillie de la divinité – jusqu'à Dieu comme à sa source dans l'assentiment (*Fürwahrhalten*); en sorte que Dieu se manifeste d'autant plus intérieurement que la volonté est plus pure. *Mais pour ma part je m'en tiens plus volontiers à la Bible* »[3].

Wizenmann, comme Jacobi, a vu dans l'idée de Dieu selon Spinoza la seule qui fût « en accord avec les principes de la raison » ; il a même, avec quelque répugnance il est vrai, consenti au « saut périlleux ». Mais le voici, semble-t-il, soucieux de rattacher sa foi à une source autre que la révélation intérieure. S'il se refuse à reconnaître ce souci autrement que par un « plus volontiers », il est clair cependant qu'il n'éprouve point en lui-même d'inspiration comparable à celle du génie, et même bien plus, que cette exaltation du sentiment ne lui semble point fort saine. Muré dans la contemplation de soi-même, le génie lui apparaît soudain bien lointain : ils ne se comprennent plus ! Le génie ravi en lui-même est devenu inintelligible. Aussi Wizenmann redoute-t-il à partir de ce moment de se livrer à l'enfer de la révélation intérieure : il pressent qu'en se plongeant dans le sens interne, l'esprit doit se perdre dans le jeu évanescent des images, des impressions, des sentiments... Qu'a-t-il appris en suivant Jacobi ? Quelle communauté de pensée a-t-il pu acquérir avec le génie qui échappe à toute prise, et qu'on ne saurait atteindre en sa subjectivité absolument réfléchie en elle-même ? Wizenmann découvre qu'il demeure entièrement étranger à l'intériorité pure du génie en laquelle ce dernier place l'unique source de la certitude.

Nous voici déjà au cœur du second moment de la marche des choses ; la critique s'intériorise et fonde le mouvement de cette dialectique : ce n'est plus la raison kantienne qui seule pose la question : « ... ob das Gott sei was auf mein Gefühl... wirkt ? » – est-ce bien Dieu qui agit en moi ?, c'est aussi le compagnon du génie lui-même. Ne parvenant pas à communier intérieurement avec le génie et ne le comprenant plus, son disciple est saisi par le doute : il exige pour sa foi un fondement plus ferme que la révélation intérieure dont il craint les mirages. Nous connaissons déjà la réponse de Wizenmann : il préfère la Bible. Puisqu'il est impossible de saisir le contenu de ces révélations intérieures, Wizenmann se tourne vers le fait et la tradition. Ouvrant ainsi le second moment de la marche des choses par ce passage de la « révélation interne » à la « révélation externe » qui substitue, à la vérité de l'inspiration intérieure et du sens interne, celle des témoignages extérieurs et du sens externe, Wizenmann nous reconduit à la période qui précède la philosophie de l'*Aufklärung*, et le goût des idées claires et distinctes.

§ 1 – *La révélation externe.*

Le projet de Wizenmann, insatisfait et déçu par les « brillantes promesses du génie », était de montrer « la *rationalité de la croyance en la révélation dès que celle-ci possède des témoignages historiques valables* »[4]. Paraissant comme Jacobi décidé à abandonner les prétentions de la raison dogmatique, Wizenmann notait à la fin des « Résultats » : « La raison humaine n'est assurément point capable d'une connaissance transcendante de Dieu. En d'autres termes, il est certain que notre conviction de l'existence de Dieu fondée par des arguments rationnels ne reposerait que sur une confusion trompeuse de notre nature avec celle de l'univers». Cependant Wizenmann n'entend pas pour autant demeurer dans la caverne de Platon dont Kant a fait le «pays de la vérité» que «la nature enferme dans d'immuables bornes»[5]. Il demande en effet à l'histoire, qui est immanence, de devenir elle-même transcendante; car telle est l'alternative: «... (l'homme) ne connaîtra point Dieu, ou il le connaîtra par l'histoire. *La connaissance véritable ne peut devenir transcendante que dans la mesure où l'histoire devient elle-même transcendante*»[6].

Kant ne critiquera point précisément cette exigence qui rappelle celle de Lessing concevant l'histoire en son développement comme la genèse d'une connaissance de l'absolu – exigence qui sera reprise, on le sait, par Hegel. En effet, Kant ne conçoit de connaissance historique transcendante que fondée sur une révélation externe, telle que la présuppose le concept d'une foi traditionnelle. Or une telle connaissance ne peut être, selon les principes de la philosophie kantienne, justifiée en ses conditions de possibilité: externe comme interne, la révélation qui est le fondement de toute tradition dogmatique est impensable, car elle implique la présence de l'Absolu dans le phénoménal, *ou le sens absolu d'un phénomène.* Kant en ceci adopte d'une certaine façon une position voisine de celle de Spinoza, pour lequel la révélation, au sens externe du terme, impliquerait la confusion de la Nature naturante et de la Nature naturée, de la substance et du mode, de l'Absolu et de sa manifestation[7]. Aussi bien Kant repousse-t-il l'idée d'une révélation externe en exigeant l'infinité spatiale, par opposition à la finitude de la «créature», – *von jedem Geschöpfe* – comme critère distinctif et marque d'un phénomène en lequel l'essence divine apparaîtrait. La révélation externe selon Kant est pure contradiction. Elle prétend en effet, prouver «l'existence – *Dasein* – d'un être dont le concept... suppose pour le distinguer de toute autre créature – *von jedem Geschöpfe* – l'infinité en grandeur – *Unendlichkeit der Grösse*. Or on ne peut jamais prouver indubitablement l'existence d'un être quand il *n'existe aucune expérience, ni aucune intuition* qui soit adéquate à son concept»[8]. Ce texte énonce, à la vérité, les conditions d'impossibilité de l'idée d'Incarnation. Certes, on le sait, sous l'influence de certaines circonstances politiques, la « Religion dans les limites de la simple raison » exprimera une attitude beaucoup plus nuancée et réservée en cette question[9]. Néanmoins, selon l'esprit kantien authentique, c'est la position choisie dans « Qu'est-ce que s'orienter dans la pensée ? » qui doit être considérée comme la seule à la fois possible et logique.

Comme on le voit, dans une perspective *normative* il n'est pas nécessaire d'ajouter aux critiques déjà dirigées contre le concept de révélation interne chez Jacobi d'autres objections concernant spécialement le concept de révélation externe sur lequel s'appuie Wizenmann; dans « Qu'est-ce que s'orienter dans la pensée ? » Kant développe d'ailleurs simultanément leur critique [10]. Et cependant il n'en faut pas moins constater qu'en fait la position de Wizenmann apparaît infiniment plus solide que celle de Jacobi. Il nous reconduit en effet à l'enfance d'une raison dépendante d'une histoire qu'elle n'a point écrite elle-même et qui conte sa déchéance. Or Kant, comme Descartes, estime que « la liberté de l'homme consiste en son indépendance vis-à-vis de toute histoire » [11]. Il ajoutera donc dans « Qu'est-ce que s'orienter dans la pensée ? » un paragraphe au chapitre de la *Critique de la raison pure* intitulé : « De la science, de l'opinion et de la foi ». De la sorte il pensera répondre à l'unique question posée par Wizenmann : « ... oh der Bibelglaube als empirischer, oder ob umgekehrt die Moral als reinen Vernunft – und Religionsglaube dem Lehrer zum Leitfaden dienen solle ? » [12]. – Devons-nous appuyer notre foi sur le témoignage empirique de la Bible, ou choisir comme fil conducteur pour lire celle-ci la religion de la raison pure ?

§ 2 – *La certitude historique.*

La réponse critique est que « *toute croyance, même la croyance historique, doit être rationnelle, car la pierre de touche dernière de la vérité est toujours la raison* » [13].

Nous en prenons conscience dès que nous apercevons en effet que la certitude historique, loin de donner son sens à la foi rationnelle et aux affirmations religieuses de la raison, la pré-suppose plutôt comme sa garantie. En tant que la foi est fondée sur un « fait historique », elle ne se possède point elle-même, car elle est « dépendante » d'un savoir, d'une connaissance des faits dont la relativité essentielle implique la possibilité irréductible de « trouver la preuve du contraire » [14]. Il est vrai que « chacun, qu'il le veuille ou non, est forcé de croire à un fait suffisamment établi comme à une démonstration mathématique » [15]. Mais en quel sens un fait peut-il être dit suffisamment établi ?

Il est extrêmement important de ne point commettre une erreur sur la pensée de Kant en répondant à cette question. L'indépendance de la foi de la raison pure envers l'histoire, et la normativité de la raison relativement à toute certitude de fait, n'ont nullement, comme chez Lessing, un sens entièrement négatif qui autorise à déclarer qu'il n'est jamais de fait absolument établi et que la contingence est la vérité de tout témoignage. La liberté de la rationalité envers l'histoire ne se fonde point chez Kant, comme chez Lessing, sur un scepticisme de principe, sur le doute toujours possible envers le témoignage d'autrui. C'est Lessing et non Kant qui affirme « Autre chose des miracles que j'ai pu voir de mes propres yeux et que j'ai eu en personne l'occasion de vérifier, autre chose des miracles dont je sais uniquement par l'histoire que d'autres prétendent les avoir vus comme les avoir vérifiés »[16]. Selon Kant au contraire, même si nous n'avons pu le constater de « nos propres yeux », nous sommes obligés de reconnaître un fait dûment « établi » de même que nous reconnaissons « une démonstration mathématique » : l'a posteriori peut prétendre à la même évidence que l'a priori, sans pour autant devoir appartenir à mon expérience personnelle. Il suffit à cet effet qu'autrui en son témoignage parle le langage de la raison et de la vérité. Ainsi, bien que je ne sois pas allé à Rome, il me sera possible d'affirmer sur le témoignage d'autrui : « Je sais qu'il existe une Rome »[17] – et non pas de déclarer seulement : « Je crois qu'il existe une Rome, mais je n'en suis pas assuré ». Si autrui parle le langage de la raison, je pourrai donner à son témoignage une valeur aussi absolue que celle que j'accorde à ma propre expérience. Comme le dit Kant en sa Logique : « Nous pouvons admettre une vérité empirique sur le témoignage d'autrui *avec la même certitude* que si nous y étions parvenus par le fait de notre propre expérience. Le premier mode de connaissance empirique enveloppe bien quelque incertitude – *etwas Trüglicher* – mais il en est de même pour le second »[18].

On voit dès lors en quel sens, selon Kant, un fait peut être dit suffisamment établi : un fait ne peut être établi et s'imposer à notre esprit comme une démonstration mathématique que si l'expérience ou le témoignage qui nous en donnent connaissance s'appuient sur la raison et s'expriment dans son langage. L'indépendance de la raison envers l'histoire, ainsi, loin de surgir comme chez Lessing d'une attitude sceptique envers tout témoignage, apparaît au contraire comme enveloppant en soi-même le principe et le fondement de toute vérité historique. Un fait ne peut être « établi » que s'il est exprimable dans le langage de la raison. Aussi bien Kant peut-il écrire que « toute croyance, même la croyance historique, doit être rationnelle, car la pierre de touche dernière de la vérité est toujours la raison » ; la facticité ne peut prétendre à la vérité si elle n'enveloppe en elle-même la rationalité.

Ce sera donc en la valeur de rationalité reconnue aux paroles d'autrui que s'enracinera la certitude historique ; en ceci se dévoile la présupposition de l'esprit par toute vérité de fait. Encore un coup, la raison fondant toute communication spirituelle, je ne puis accorder une signification intelligible et une valeur de vérité au témoignage d'autrui et à la tradition, que si autrui parle le langage universel de la raison : « Wir niemand verstehen als den, der durch unsern eigenen Verstand und unsere eigene Vernunft mit uns redet... »[19]. Nous ne comprenons que celui qui nous parle par notre propre entendement et notre propre raison. Dès lors la foi, qui se fonde sur une histoire contenue en des livres anciens, ne peut être foi « authentique » que si je puis m'entendre avec celui qui écrivit ceux-ci : c'est-à-dire si autrui est raison et si par conséquent il partage « d'abord » avec moi l'affirmation de la raison pure. C'est là ce qui permet à Kant d'écrire : « *L'idée de Dieu et la conviction de son existence elle-même... ne peuvent... nous venir » « tout d'abord », « d'un enseignement extérieur si grande qu'en soit l'autorité* »[20]. Elles ne peuvent tout d'abord procéder que de la seule raison. Comme l'a dit Kuno Fischer : « Vernunft ist Vernunft-Glaube »[21]. Et la foi historique repose sur la raison si elle n'est point seulement superstition.

§ 3 – *Dialectique de la tradition.*

La certitude historique n'est point ainsi certitude d'un « moi »[22]. Si elle est, elle est « entre nous », elle présuppose l'« In-Gemeinschaft-denken », la « Communication de nos pensées ». Et c'est ce que Wizenmann est obligé d'avouer en définissant son projet; ne nous parle-t-il pas de témoignages historiques « valables » ? – reconnaissant par ce terme que le pur fait demeure en deçà du royaume de la vérité et ne peut y accéder que soutenu par la raison ? Dès lors la dialectique de la non-philosophie de la révélation historique doit se retourner contre elle-même. En effet, ou bien le terme de valable n'a guère plus de sens chez Wizenmann que l'idée « d'une contradiction apparente de la raison avec elle-même » chez Jacobi – ou bien le terme possède un sens, mais il exige en ce cas un dépassement du fait et de l'histoire et l'affirmation de la raison comme norme universelle et pierre de touche suprême de la vérité fondant la possibilité de toute communication spirituelle. Deux voies s'ouvrent ainsi à Wizenmann : reconnaître la raison en son droit « à parler la première » ou tenter de maintenir le primat du fait en luttant contre la raison. Or le choix est déjà fait : par le saut périlleux, il a choisi comme Jacobi de nier la rationalité.

En cette voie il ne lui restera qu'un seul moyen pour préserver le primat de l'histoire et du fait, celui-là même dont fit usage la pensée religieuse devant l'*Aufklärung* naissante : le recours à la force et la négation de l'« In-Gemeinschaft-mit-anderen-denken ». Car c'est là l'unique arme dont dispose une tradition refusant de se soumettre à la rationalité, à la vérité des idées claires et distinctes. Ainsi saisi par la crainte « d'une recherche personnelle »[23], Wizenmann voudra « bannir tout examen de la raison »[24]. Il cherchera son salut dans l'aliénation de la liberté de penser. Mais ce faisant, il se préparera plutôt à subir son destin : en effet, en nous retirant la liberté de penser, qui est la raison elle-même, il supprimera aussi le plus sûr fondement de toute vérité, de toute certitude née de l'histoire et par conséquent de toute tradition. Affirmant ainsi une certitude, que chaque heure cependant ébranle de nouveau, il nous dira : « *Ne raisonnez pas, croyez* »[25], cherchant ainsi à retarder la « majorité de la raison », se posant « en tuteur à l'égard d'autres citoyens »[26]. Et telle est en effet l'attitude de la pensée religieuse fondée sur la tradition et le livre, et que Kant décrit en ces termes dans son Anthropologie : « Le clergé maintient fermement et continuellement le laïque à l'état de mineur (*Unmündigkeit*). Le peuple n'a pas la parole, ni le droit de juger en ce qui concerne le chemin qu'il lui faut prendre pour gagner le ciel... et si des livres saints lui sont mis entre les mains... il reçoit cependant, en même temps, de ses tuteurs l'avertissement de rien y trouver, sinon ce que ceux-ci lui conseillent d'y découvrir »[27]. Toutefois, nier la liberté de penser n'est jamais qu'une solution provisoire. En effet de deux choses l'une : ou bien nous ne saurons rien trouver en ces livres qu'on nous tend, et la contrainte suscitera donc plutôt « une *incrédulité historique,* qu'on ne peut absolument pas concevoir comme délibérée, ni par conséquent imputable »[28] puisque chacun est forcé « de croire à un fait suffisamment établi comme à une démonstration mathématique » – ou bien nous y trouverons effectivement quelque chose, car « il n'est pas entièrement impossible qu'il s'y trouve une vérité cachée... »[29] mais alors le jour de la raison se lèvera. Que pourrait donc, en effet, nous apporter un enseignement fondé en dehors de notre propre raison et que nous puissions cependant comprendre, sinon, comme le dira Fichte, « cela même où nous conduit a priori la raison pratique : une loi morale et les postulats qui en dérivent »[30].

La raison ne peut ainsi être niée, mais seulement opprimée. Or la contrainte elle-même ne saurait que lui rendre des forces : « S'il n'est question que de force et non de droit... s'il n'est rien qui, par la raison entraîne un respect immédiat... en ce cas toutes les pressions exercées sur la volonté des hommes, ne peuvent parvenir à endiguer leur liberté »[31]. Car la raison humaine, dit Kant dans « Qu'est-ce que s'orienter dans la pensée « *ne cesse jamais de tendre vers la liberté* »[32].

La raison est depuis longtemps devenue adulte. Pourquoi vouloir avec Wizenmann l'enchaîner vainement dans l'enfance ? Qu'importe si l'histoire fut effectivement l'instrument de son éducation, puisqu'avec la critique, avec la réflexion en soi-même, elle a enfin atteint sa majorité en comprenant que la pierre de touche de la vérité était en elle-même et non au-dehors. Pensant à Wizenmann, Kant écrira à Jacobi : « ... savoir si la raison n'a pu s'élever au théisme qu'à l'aide de ce que l'histoire seule nous enseigne n'est qu'une question portant sur un fait d'ordre secondaire : la genèse et l'apparition de cette idée. En effet on pourrait tout aussi bien admettre que si les Évangiles n'avaient point enseigné les lois morales en toute leur pureté, la raison ne serait pas jusqu'à maintenant parvenue à les apercevoir en une telle perfection, mais qu'il est possible aujourd'hui, puisqu'elles nous sont effectivement données, de convaincre tout un chacun par la seule raison de leur justesse et de leur valeur »[33].

CHAPITRE V

LA RAISON ET LE BON SENS

(La critique de Mendelssohn
dans « Qu'est-ce que s'orienter dans la pensée ? »)

Avec Wizenmann la raison retrouvait le souvenir du long silence que la tradition avait imposé à l'esprit et la soumission à un enseignement dont la vérité ne pouvait cependant être garantie que par elle seule. Mais elle ne cessait « jamais de tendre vers la liberté » : avec Mendelssohn elle se souvient qu'elle avait espéré rencontrer celui qui l'aiderait à la conquérir. Mendelssohn, c'était le matin de la raison qui venait de « briser ses chaînes »[1]. Il lui appartenait, selon Kant, de révolutionner la philosophie, « in dieser Wissenschaft eine neue Epoche zu machen »[2]. Il lui revenait, comme à Kant, d'apporter « l'indispensable réponse à la question de savoir ce qui pousse la raison à sortir de son champ d'action propre »[3]. Mais Mendelssohn fut un « mauvais échanson ». À la raison qui était « altérée de liberté » – ἐλευθερίας διφήσασα – il tendit une « coupe pleine de ce vin pur »[4]. Et la liberté devint pour l'esprit un destin. Il est nécessaire, dit Kant, dans « Qu'est-ce que s'orienter dans la pensée ? », qu'une *« liberté longtemps restée sans exercice dégénère en abus et qu'une confiance téméraire en l'indépendance de son pouvoir à l'égard de toute restriction engendre la persuasion* (*Überredung*) *de la souveraineté exclusive de la raison spéculative…* »[5]. Or est-il dit en la *Critique de la raison pure* : « la persuasion est une simple apparence »[6].

§ 1 – *Du dogmatisme à l'enthousiasme.*

Comme il n'est point difficile de le voir – Kant dans « Qu'est-ce que s'orienter dans la pensée ? » souligne à plusieurs reprises ce point – l'erreur fondamentale de Mendelssohn fut d'accorder à une spéculation métaphysique « un pouvoir assez grand pour décider de toute chose par voie de démonstration »[7]. Toutefois Kant ne condamne pas seulement une telle ambition, mais encore et surtout l'idée de la philosophie qui est à sa source. Tandis que pour Kant nous ne faisons une réflexion philosophique féconde qu'en nous efforçant de dégager les conditions de possibilité de la conscience commune, pour Mendelssohn la réflexion philosophique doit nous dépouiller de la vision propre à la simple conscience ; philosopher consiste à dépasser la δόξα originaire vers une absolue, et aussi certaine en elle-même que les sciences mathématiques. L'attitude du philosophe envers la conscience populaire doit être ainsi fondamentalement différente chez Kant et Mendelssohn en dépit de certaines affirmations communes. Si l'un et l'autre affirment la rationalité immanente à la simple conscience, ce n'est point dans le même sens. En effet, selon Kant, on ne peut prétendre dépasser véritablement les vérités de la raison commune, sans se méprendre gravement sur l'essence de la raison. Dès 1763 il écrivait : « La Providence n'a pas voulu que les notions les plus hautement nécessaires à notre bonheur reposassent sur la pointe de conclusions effilées ; elle les a confiées immédiatement au naturel sens commun »[8]. La *Critique de la raison pure* reprendra ce thème avec plus d'énergie encore. « Pouvez-vous, exiger, demande Kant, qu'une connaissance, qui intéresse tous les hommes dépasse le sens commun et ne puisse être découverte que par les philosophes ? »[9]. Par contre pour Mendelssohn le projet philosophique consiste précisément à dépasser le sens commun : la rationalité immanente à celui-ci est, d'une certaine façon, ce qui autorise le projet philosophique : en effet, le sens commun possédant, sous la forme de la δόξα toutes les notions nécessaires, il est permis au philosophe de ne pas s'en soucier et de « spéculer à loisir ». La philosophie apparaît dès lors comme une activité fondamentalement désintéressée et quelque peu aristocratique : il s'agit de dépasser le sens commun et de spéculer pour spéculer. La philosophie est un « loisir » et s'y adonner c'est selon Mendelssohn, « *sortir de l'ornière* »[10] en laquelle le sens commun demeure. C'est cette idée de la philosophie que Kant condamne avec violence : si philosopher est un « loisir », s'il ne s'agit que d'étendre son savoir, « que cela soit chose nécessaire ou non »[11] et de faire abstraction de « l'intérêt »[12] que la raison commune éprouve continuellement comme sa vérité propre, non seulement on est porté à accorder aux démonstrations métaphysiques une valeur qu'elles ne possèdent pas, mais encore on appartient « *aux faux amis du sens commun* »[13]. À la vérité, le respect que Mendelssohn déclare porter à la raison commune n'est que l'expression de la plus hautaine suffisance, puisqu'il s'agit de sortir de l'ornière. Comme le dit Kant en ses

Prolégomènes, ces « faux amis du sens commun », « le célèbrent à l'occasion et le méprisent d'ordinaire »[14]. Si l'on veut mieux comprendre le sens de cette affirmation, il convient de suivre le chemin en lequel nous entraîne, en la démonstration métaphysique, la confiance mendelssohnienne.

Mendelssohn, note Kant, dans « Qu'est-ce que s'orienter dans la pensée ? » ne se doutait pas que « *dogmatiser avec la raison pure dans le champ du supra-sensible est le chemin menant directement à l'enthousiasme en philosophie* »[15]. C'est qu'en effet, le principe des démonstrations métaphysiques de l'existence de Dieu qui consiste à dégager d'un pur concept une affirmation existentielle, enveloppe en soi une confusion de l'entendement et de la sensibilité. Or si cette confusion définit bien la « Schwärmerei », c'est-à-dire le mal en philosophie, l'*Un-vernunft*, n'est-ce point au « saut périlleux » lui-même qui consacre « le renversement des principes » que doit nous conduire la démonstration par purs concepts ? Lorsqu'on s'apercevra que la démonstration par purs concepts nous mène à l'enthousiasme on fera alors appel au « sens commun » pour s'en délivrer ; ce sera l'occasion de « célébrer » la simple conscience qu'on méprisait au moment où l'on entreprenait de la dépasser par la réflexion métaphysique.

Certes les « Morgenstunden » protestent de leur volonté de ne pas céder un seul instant à la folie en laquelle Jacobi veut entraîner la raison et Kant ne le contestera point. Toutefois, confondant comme Descartes, par et dans l'argument ontologique, un simple « besoin » de l'esprit et un acte de l'intuition métaphysique (*Einsicht*), c'est au spinozisme qui reflète en lui-même la plus complète confusion de l'intuition et du concept que doivent nous conduire les « Morgenstunden ». En effet note Kant : « conclure du concept d'un *entis realissimi* à l'existence de celui-ci, c'est le chemin qui mène au spinozisme »[16]. C'est que la confusion du concept et de l'intuition, qui fonde en réalité la preuve ontologique, ne peut cesser de s'étendre : « … de quel droit, demande-t-il dans « Qu'est-ce que s'orienter dans la pensée ? », pourrait-on interdire à la raison de pénétrer plus avant dans ce champ… et où se trouvent par conséquent les bornes auxquelles elle doit s'arrêter ? »[17]. À chaque degré du dogmatisme répondra naturellement une confusion croissante de l'intuition et du concept. Loin de se borner à l'idée de Dieu, comme en la philosophie cartésienne, nous la verrons ainsi chez Malebranche, s'étendre à toutes nos idées : « Nous voyons toutes choses en Dieu »[18]. Malebranche cependant fait exception pour une d'entre les choses : l'âme humaine, que nous ne pouvons voir en Dieu : « Autrement, je pourrais en me contemplant connaître les ouvrages de Dieu… je serais ma lumière à moi-même ; ce que je ne puis penser sans quelque espèce d'horreur »[19]. Mais pouvons-nous nous en tenir là ? *Quid juris* ? Il faut que l'âme se saisisse elle-même en Dieu et que se réalise totalement la confusion de l'intuition et du concept. Bon gré, mal gré il faut en venir à Spinoza : « Quicquid est in Deo est et nihil sine Deo *esse* neque, *concipi* potest »[20]. On le voit, la confusion inhérente à l'argument ontologique ne se laisse pas circonscrire à la seule idée de Dieu ; elle s'étend à la réalité tout entière et la confusion de l'*esse* et du *concipi*, de l'intuition et du concept, doit nous conduire au spinozisme, comme à sa vérité. Or le spinozisme est d'une certaine façon un équivalent du « saut périlleux » puisqu'à la faveur de cette confusion qui le fonde, il aboutit à une sorte de « Schwärmerei » nommée par Kant : « Théosophie intuitive » (*Theosophie durch Anschauung*)[21]. Dès que nous suivons la voie choisie par Mendelssohn, nous devons par la logique interne du dogmatisme, fondé sur une confusion des valeurs de l'entendement et de la sensibilité, verser dans le spinozisme qui s'achève dans une « Schwärmerei », dans un enthousiasme – l'*Amor Dei intellectualis* – qui renverse la rationalité. « Le plus haut degré de l'enthousiasme, note Kant, consiste à nous penser nous-mêmes comme étant en Dieu et à saisir ou intuitionner notre existence en lui. Le second degré consiste à voir toutes les choses selon leur véritable nature en Dieu seul comme étant leur cause et en ses Idées comme en étant les archétypes. Le troisième degré consiste, non pas à voir les choses en Dieu, mais à les déduire du concept de celui-ci. Et maintenant remontons de ce plus bas degré jusqu'au plus élevé : Spinoza »[22].

On voit ainsi où doit nous mener la confiance mendelssohnienne en la démonstration métaphysique : au spinozisme et à l'enthousiasme ; c'est-à-dire à la négation de toute pensée rationnelle selon Kant. Aussi bien l'on comprend qu'en ses « Remarques à L.H. Jakob », écrites à la même date que « Qu'est-ce que s'orienter dans la pensée ? », Kant – non sans avoir remarqué avec une ironie pincée le parfait dédain de Mendelssohn pour la *Critique de la raison pure*[23] estime pouvoir noter : « si l'on accorde à la raison pure le pouvoir en son usage spéculatif de s'élever par intuitions rationnelles au-delà des bornes de la sensibilité... elle s'enhardira (comme nous pouvons en trouver l'exemple chez Spinoza, ainsi qu'en notre époque elle-même) jusqu'à décider par des ratiocinations de la possibilité d'un être suprême (d'après un concept identique à celui dont use la religion). Par ce dogmatisme prétentieux, on ébranle l'affirmation (de l'existence de Dieu, A.P) avec la même audace que celle avec laquelle on se vantait de pouvoir l'établir »[24]. Aussi bien est-il temps de faire appel au « bon sens » ; c'est l'occasion de le célébrer...

§ 2 – « *L'aveu funeste* ».

Mendelssohn, on le sait, estimait connaître le secret pour éviter de partager la pensée du « spinozisme », si contraire à la philosophie morale, tant qu'elle n'est point « débarrassée » de ses erreurs. Cette méthode de « sauvetage », le philosophe la découvre dans la ré-orientation au moyen du « bon sens ». Dans sa « Lettre aux amis de Lessing », il écrivait : « Quand le philosophe dans ses spéculations se heurte à d'aussi monstrueuses propositions, il est grand temps, me semble-t-il, qu'il s'oriente et reconsidère les choses au point de vue du simple entendement humain dont il s'est par trop écarté »[25]. Ce recours au « bon sens » était, en dépit de ce que pourrait laisser penser le début de « Qu'est-ce que s'orienter dans la pensée? » (« C'est d'un principe de ce genre dont se réclamait expressément feu Mendelssohn, mais seulement, autant que je le sache, en ses derniers écrits... »[26]) beaucoup plus ancien dans la philosophie de Mendelssohn, puisque la *Critique de la raison pure* avait déjà entrepris de le contester[27]. Mais c'est surtout dans les Prolégomènes qu'il avait été très vivement attaqué par Kant : « Je ne saurais tolérer, écrivait ce dernier.. que l'on décide au moyen de la baguette divinatoire du sens commun, laquelle ne tourne pas pour tout le monde, mais se conforme aux particularités personnelles. Qu'appelle-t-on bon sens en effet? Le sens commun en tant qu'il juge sainement. Or qu'est-ce que le sens commun... ? »[28]. « Qu'est-ce que s'orienter dans la pensée? » ne parle pas un autre langage que les Prolégomènes – avec cependant cette seule différence qu'il se contente de mesurer les conséquences; il *n'est plus de baguette magique.* Wizenmann, par sa critique, l'a brisée en mille morceaux, et l'on dirait que Kant les parcourt du regard lorsqu'il écrit, parlant du « moyen de direction » dont prétendait faire usage Mendelssohn, que ce dernier le nommait tantôt le « bon sens », tantôt la « saine raison », tantôt enfin « le simple entendement humain »[29].

Mendelssohn, selon Kant, ne pouvait en appeler au « bon sens », sans faire un « aveu *funeste* » ; c'est qu'en effet, comme le notaient les Prolégomènes, « c'est un mauvais signe de bon sens que de se réclamer d'un garant qui n'a point ici à juger et que d'ordinaire on regarde par dessus l'épaule, sauf.. quand on ne sait comment se tirer d'affaire dans sa spéculation[30]. La « Lettre aux amis de Lessing » peut servir fort bien à mettre en évidence « l'ambiguïté (*die Zweideutigkeit*) en laquelle (Mendelssohn) avait laissé l'exercice de ce pouvoir (la raison commune) par rapport à la spéculation »[31].

La raison spéculative s'affirmait en effet fermement convaincue que « ... les plus hautes vérités de la religion naturelle sont aussi bien démontrables que n'importe laquelle d'entre les propositions mathématiques »[32]. La raison commune pouvait donc s'attendre, pour ne prendre qu'un exemple entre beaucoup d'autres, à ce que la raison spéculative lui apportât une confirmation de sa croyance en la finalité et une réfutation en règle de ceux qui la nient comme Spinoza. Or loin de fournir une justification métaphysique de cette notion et de conférer à la certitude de la raison commune une valeur apodictique, la raison spéculative refuse d'engager la discussion sur le terrain philosophique: «So ist die Rede nicht von metaphysicher Argumentation, wie wir in Büchern zu führen gewohnt sind...»–« Il n'est pas question ici d'argumentation métaphysique, comme nous avons l'habitude d'en mener en nos ouvrages... »[33]. Pourtant jamais le bon sens n'avait autant éprouvé le besoin d'un soutien et d'une protection. Pour le sens commun, en effet, seule la finalité peut fonder un monde ordonné, un κόσμος capable de donner un sens et une justification à l'existence humaine. Aussi quelle déception ne doit-il pas ressentir en voyant la raison spéculative confier au Groenlandais, émerveillé par les beautés boréales, le soin de se faire l'avocat de la finalité[34]. Mais cette déception indique surtout «l'ambiguïté» en laquelle se découvre soudain placé le bon sens: doit-il être appuyé sur la raison métaphysicienne, ou doit-il au contraire lui servir de soutien? La raison spéculative peut sans doute bien prodiguer à la raison commune l'assurance que même si ses démonstrations devaient échouer « sa conviction des vérités religieuses... ne devrait pas s'effondrer avec celles-ci... ». Le simple (*kunstlos*) argument,

« Der das Ohr gepflanzt hat muss doch wohl hören »[35]

garderait encore selon le philosophe « toute sa force ». Mais il est douteux que la raison commune se contente de cette simple assurance elle cherchera à défendre elle-même ses « saines maximes » puisque la raison spéculative en est incapable. Dès lors elle courra le danger d'être à son tour désorientée, car dit Kant, « quand la raison commune se risque à s'éloigner de l'expérience et des perceptions des sens, elle tombe dans de manifestes absurdités et dans des contradictions avec elle-même, tout au moins dans un chaos d'incertitudes, d'absurdités et d'inconséquences... »[36]. Faire appel à la raison commune comme « moyen d'orientation », c'est en fait déjà la désorienter. C'est pourquoi l'aveu de Mendelssohn est un aveu «*funeste*»; il n'entraîne pas seulement la négation de la philosophie des « Morgenstunden ». Si les « Morgenstunden » étaient seules atteintes, l'aveu serait moins « funeste » que comique : il ne ferait que nous apprendre ce que nous pouvions déjà pressentir – à savoir : les « Morgenstunden » sont un pur « système de l'illusion », « ein reines System der Tauschung »[37]. L'aveu de l'auteur de ce système est funeste, parce qu'en réalité sa méthode d'orientation revient à la désorientation du bon sens.

Comment s'étonner dès lors que les adversaires de l'*Aufklärung* et Wizenmann tout le premier exploitent sans le moindre scrupule, cette

« ambiguïté » et se servent de la désorientation du bon sens pour obliger « ... la *saine raison commune elle-même...* (à) *courir le danger de servir de principe à l'enthousiasme et à l'abdication complète de la raison* »[38]. On imagine sans peine le discours que les émules de Wizenmann et de Jacobi devaient tenir au bon sens, à « l'innocence » : « Chère innocence, le philosophe tout en se plaisant à spéculer avec une rigueur parfaite, prétend pouvoir toujours accorder les résultats de ses démonstrations avec vos certitudes. Mais, dites-moi, comment se fait-il qu'il cesse de suivre le chemin de la pure démonstration logique et rationnelle et prétende soudain s'orienter grâce à vos affirmations ? Ne serait-ce point parce que la simple logique et la pure raison le conduisent à de « monstrueuses propositions » – comme celles de Spinoza – et à des « résultats » qui nient vos légitimes et indestructibles aspirations morales ? N'en conclurez-vous point tout d'abord que vos affirmations ne sont peut-être pas rationnelles, s'il est bien vrai que la spéculation métaphysique ne parvient point à les démontrer ? Et bien plus ; ne devrez-vous point même juger qu'elles sont contraires à la raison et à la pure logique, puisqu'il faut abandonner le chemin en lequel celles-ci nous conduisent afin de les retrouver ? Dès lors que choisirez-vous donc : la raison ou vos croyances ? Car si la raison et vos croyances sont contraires, il vous faut choisir. N'hésitez pas ; le philosophe lui-même n'hésite pas ; c'est votre croyance qu'il choisit. Croyez-moi, il fait bien, car la raison ne vaut rien à personne. Rassurez-vous... Pascal disait bien de la religion : « C'est en manquant de preuves qu'elle ne manque pas de sens ». Le meilleur usage de la raison, c'est de n'en point faire ».

« C'est une belle chose que l'innocence, estime Kant, le malheur est seulement qu'elle sache si peu se préserver... »[39]. Mendelssohn est ainsi bien coupable d'avoir préparé cette « *incrédulité rationnelle, ... (un) état pénible de l'esprit humain qui ôte aux lois morales... toute autorité* »[40]. Un problème se pose dès lors à Mendelssohn : comment pourra-t-il empêcher le « bon sens » d'abandonner la raison et se tourner contre, elle ; comment pourra-t-il encore préserver « l'innocence » ?

§ 3 – *L'autorité substituée à la liberté.*

Dans ses « Remarques » qui constituent la préface du livre de L.H. Jakob, paru en même temps que « Qu'est-ce que s'orienter dans la pensée ? », Kant indique les deux méthodes utilisées par Mendelssohn pour assurer la protection de « l'innocence », et les critique vivement. La première consiste à tenter de résoudre en malentendu verbal toute contradiction. Ainsi Mendelssohn pense-t-il dépasser la contradiction de la liberté et de la nécessité en distinguant deux sens (objectif et subjectif) au verbe *müssen.* Selon Kant, appliquer cette méthode est tomber dans la «logodadalie»[41]; la *Critique de la Raison pratique* stigmatisera aussi durement cette méthode; ce n'est qu'un «misérable subterfuge», auquel d'ailleurs personne ne saurait se laisser prendre bien longtemps et qui par conséquent ne saurait servir à protéger efficacement le «bon sens» ou «l'innocence»[42]. Aussi bien n'est-il pas nécessaire de prêter plus d'attention à cette méthode.

«La seconde maxime (de Mendelssohn) écrit Kant en ses «Remarques» consiste, en toute rigueur, à *fixer d'une manière en apparence légitime la recherche de la raison pure à un niveau déterminé et qui n'est cependant pas le plus élevé. Ainsi on oblige purement et simplement à se taire celui qui pose une question.* Dans les «Morgenstunden» page 116[43], on peut lire : «Si je vous dis qu'une chose est passive ou active, ne me demandez pas de plus: Qu'est-ce donc? Si je vous indique quel concept vous devez vous faire de telle chose, la question subsidiaire de savoir ce que peut être cette chose prise en elle-même n'a plus aucun sens»[44]. Comme on le voit, la philosophie de Mendelssohn ne peut éviter la dialectique en laquelle l'entraînaient Wizenmann et ses semblables, qu'en limitant par une méthode «*d'autorité*», la liberté qu'elle prétendait, en tant qu'«*Aufklärung*», mettre au principe de la réflexion. Dès lors son principe ne diffère plus en rien de celui des adversaires du rationalisme et des lumières. Dans sa réponse à la question: «Qu'est-ce que l'Aufklärung», Kant écrit: «J'entends aujourd'hui crier de tous côtés: «*Ne raisonnez pas*»[45]. Cela est même vrai de la philosophie des «Morgenstunden» qui prétend défendre la cause de la raison. Elle ne peut prétendre sauver la raison commune, l'*Allgemeine Menschenvernunft*, qu'en étouffant ses questions; à la liberté, la seule chose «exigée par l'Aufklärung»[46] elle substitue l'autorité qui en est la négation. La prétendue philosophie «*populaire*» de Mendelssohn révèle dès lors son essence: c'est une philosophie, à la vérité, *im-populaire*, une philosophie qui «méprise le peuple». La méthode d'autorité à laquelle aboutit cette philosophie en manifeste le caractère hautain et foncièrement «aristocratique» – au. plus mauvais sens du terme – qui transparaissait déjà dans son projet : «sortir de l'ornière».

On peut dès lors comprendre également qu'en fait, la dialectique conduite par Wizenmann n'était nullement contingente : elle ne faisait que refléter du dehors la dialectique immanente à l'antagonisme des principes de la philosophie «populaire», obligée de juxtaposer à l'idée de la liberté de penser, l'affirmation «... qu'il faut bien qu'il existe quelques propositions certaines immédiatement dont on n'a aucune preuve à fournir...»[47]. L'appel au bon sens préparait nécessairement dès ce moment l'antithèse de la libre réflexion, dans la mesure où l'affirmation de la rationalité du bon sens – conditionnant la possibilité de son intervention au sein du développement méthodique de la démonstration, – ne pouvait se fonder ni en elle-même, ni en la philosophie. La valeur du bon sens comme principe régulateur ne pouvait être fondée, ni réfléchie dans l'unité normative d'un « Ich denke », comme c'est le cas dans la philosophie kantienne, mais seulement affirmée à titre de pré-supposition irréductible… c'est-à-dire sans raison. Aussi bien dans « Qu'est-ce que s'orienter dans la pensée ? » qu'en ses « Remarques » Kant souligne l'intolérable contradiction entre l'affirmation du pouvoir absolu de la raison spéculative, identifié à bien des égards à la liberté de la raison, et le recours à un principe régulateur qui fonde une méthode d'autorité. En d'autres termes on ne peut concilier « la maxime de l'indépendance de la raison » envers toute chose et même « à l'égard de son propre besoin »[48], et des affirmations autoritairement posées grâce à une « méthode heuristique… (qui était auparavant) encore dissimulée dans l'usage expérimental de notre entenderpent et de notre raison ». Comme le soulignait M. Guéroult, si « …le caractère rationnel de ces vérités communes est postulé de façon arbitraire… la philosophie populaire est amenée à restaurer à leur profit une méthode d'autorité très proche de celle de Jacobi : *les conclusions sont données d'abord : la raison n'est plus libre* »[49].

Cette négation de la liberté de penser ne saurait se borner à la simple philosophie : si l'on estime qu'il existe des propositions dont on n'a aucun compte à rendre, comment ne serait-on pas obligé de nier également la liberté de pensée dans sa sphère d'action la plus importante : la société. Là encore il faudra prévenir une totale désorientation du « bon sens », c'est-à-dire empêcher que la société « *ne tombe dans le plus grand désordre* »[50]. Et le philosophe ne pourra qu'applaudir l'autorité gouvernementale lorsqu'« *elle enlève la liberté de penser et soumet cette affaire comme toutes les autres aux règlements du pays* »[51]. La conclusion tirée par Kant en ces quelques mots devait être bientôt douloureusement confirmée. Le 9 juillet 1788 l'*Aufklärung* mendelssohnienne devait trouver dans le nouvel édit sur la religion proclamé par Wöllner sa vérité et son destin. L'autorité gouvernementale promettait de maintenir la liberté de penser « aussi longtemps que chacun remplirait calmement ses devoirs… conserverait pour soi ses propres opinions et se garderait soigneusement de les répandre ou de chercher à les faire admettre par d'autres, les faisant chanceler ou se trom-per dans leur croyance ». Le 19 décembre 1788 cet édit fut complété par la nouvelle loi de censure qui devait mettre « *bon ordre* » « aux dérèglements des soi-disant *Aufklärer* et à la liberté de la plume se manifestant dans l'insolence de la presse »[52]. « *C'est ainsi*, écrit Kant en notre texte, *que la liberté de penser, quand elle va jusqu'à vouloir s'affranchir des lois mêmes de la raison, finit par s'anéantir de ses propres mains* »[53].

Malgré tout, nous l'avons dit, Kant préfère encore s'incliner du côté de Mendelssohn, que de celui de Jacobi et Wizenmann. Sans doute, Mendelssohn a-t-il cru pouvoir séparer vérité et liberté, obligeant ainsi la raison à « servir », comme le voulait Jacobi, sans doute Mendelssohn n'a-t-il pas entendu les mots que Lessing plaçait dans la bouche de Falk en ses dialogues francs-maçons : « Nichts geht über das Laut-Denken mit einem Freund »[54] « il lui restera toutefois ce mérite, déclare Kant ; en ceci comme toujours il persévéra à ne jamais chercher la pierre de touche décisive pour l'admissibilité d'un jugement *ailleurs qu'en la raison...* »[55]. Certes on pourrait penser que Wizenmann, en sa réponse à « Qu'est-ce que s'orienter dans la pensée ? » proteste à bon droit lorsqu'il déclare : « Le mérite de n'avoir cherché la pierre de touche suprême de la validité de tout jugement que... dans la seule raison, perd infiniment de sa valeur, ... si, comme vous l'affirmez vous-même au sujet de Mendelssohn, on ne connaît pas les limites qui séparent principes objectifs et principes subjectifs et qu'on ne possède pas non plus une juste idée du pouvoir propre de la raison »[56]. On peut néanmoins facilement apercevoir le fondement de la préférence kantienne : la volonté de distinguer entendement et sensibilité, le rationalisme, ou du moins la volonté de rationalisme, immanent à chacune d'entre ses affirmations, permettent au « pur système de l'illusion » d'envelopper une possibilité de *réorientation.* Si l'on ne peut guérir la cécité, il est par contre possible de détruire l'illusion ; et c'est en ceci que réside le privilège accordé à Mendelssohn qui refuse l'impératif de Jacobi « ... en aveugle, si tu es aveugle »[57]. Mendelssohn aurait pu devenir kantien et l'auteur de la *Critique de la raison pure* avait longtemps espéré sa conversion : en 1770 il lui avait adressé sa dissertation, en 1783 il l'avait invité à un débat fondamental[58]. Les « Morgenstunden » devaient briser définitivement les espérances de Kant. Et cependant on en retrouvera comme l'écho dans « Qu'est-ce que s'orienter dans la pensée ? », lorsque mêlant tristesse et ironie, Kant écrira de Mendelssohn qu'il aurait pu reconnaître la valeur de l'attitude critique « ... s'il avait vécu plus longtemps et s'il avait eu en partage cette souplesse d'esprit, propre surtout aux jeunes gens et permettant de modifier une ancienne manière de penser d'après les changements survenus dans l'état des sciences... *Il nommait la raison dans son usage suprême « die gemeine Menschenvernunft...* »[59].

CHAPITRE VI

L'ORIENTATION KANTIENNE

Nichts geht über das Laut-denken mit einem Freund.
Lessing, *Gespräche für Freimaurer.*

Dans la lettre émouvante qu'il écrit à F. Nicolaï, Mendelssohn, au soir de sa vie, pressent la ruine de sa philosophie. « Nous ne rêvions, écrit-il, que des « lumières » et nous pensions que le monde deviendrait si clair par la lumière de la raison que l'enthousiasme ne s'y montrerait jamais plus. Mais voici que la nuit et tous ses fantômes descendent à nouveau sur nous... »[1]. Cette nuit qui s'annonçait à travers le cri de Jacobi : « La connaissance est une voie mystérieuse »[2], il appartient à la philosophie critique de l'écarter avant que l'esprit, saisi de vertige, ne s'y précipite. La conscience ne peut accepter de redevenir « ténèbres »; elle ne peut pas plus reconnaître « den hochmütigen Namen der Toleranz »[3]; sa seule maxime est l'autonomie : « *Penser par soi-même signifie chercher la pierre de touche de la vérité en soi, c'est-à-dire en sa propre raison...* »[4]. Le seul impératif de l'esprit est de donner à la raison le droit à juger la première : « Notre siècle est particulièrement le siècle de la Critique à laquelle il faut que tout se soumette... »[5]. La raison est ἀδέσποτος c'est-à-dire : *vorher-gehen*. Dans et par la Critique elle a atteint sa majorité. Sans doute cela peut-il inquiéter le théologien. « L'homme est adulte, dira-t-il, mais en quoi consiste sa majorité ? »[6]. Voici la réponse critique : être majeur, consiste à se *tracer* par ses seules forces « *une voie pleinement appropriée au but total de sa destination* »[7]. Être majeur est choisir son orientation et choisir son orientation est se choisir soi-même. S'orienter soi-même est parfaire en soi l'autonomie; ce n'est qu'en décidant *lui-même* de son orientation que l'homme se constitue à la fois comme αὔτος et νόμος, comme être libre.

Être majeur est choisir « son » chemin et ce choix en lequel l'esprit se choisit lui-même est liberté.

On voit quel sens profond il convient de donner à l'acte de s'orienter dans la pensée. S'orienter dans la pensée est décider librement ce « qu'un homme *doit* être et la route qu'il doit suivre »[8]. S'orienter dans la pensée est pour Kant – comme pour Descartes – « découvrir » l'horizon de la conscience humaine et lui indiquer, en même temps que sa demeure dans l'Être, son devoir-être, sa vérité, sa « destination ». Aussi bien répondre à la question « Qu'est-ce que s'orienter dans la pensée ? », n'est pas répondre à une question futile. C'est répondre à la question qui aux yeux de Platon était seule véritablement sérieuse. C'est définir l'homme et l'orienter vers lui-même comme liberté.

« Qu'est-ce que s'orienter dans la pensée ? » est un texte trop modeste pour que nous puissions y voir autre chose qu'une image de la réponse kantienne à cette interrogation qui met l'homme en question en totalité. Ce n'est cependant pas une raison pour le négliger comme l'ont fait certains interprètes de la pensée kantienne[9]. Bien au contraire; car si « Qu'est-ce que s'orienter dans la pensée ? » n'est qu'une image de la réponse kantienne à la question de savoir quelle route doit suivre l'esprit, c'est une grande image, un émouvant reflet de l'humanisme kantien. Et c'est ici que la disproportion entre la brièveté de ce texte et la longueur des analyses que nous lui avons consacrées trouve sa justification. Il convient de lire « Qu'est-ce que s'orienter dans la pensée ? » d'un point de vue théorique – et peut-être ne lui trouvera-t-on que peu d'importance –; mais il convient surtout de le lire « pratiquement » : sa signification profonde apparaîtra alors. Il est bon de citer ici ces paroles de Fichte : « C'est parce que l'on est tel ou tel homme que l'on choisit telle philosophie; en effet un système philosophique n'est pas un instrument mort qu'il nous serait loisible de saisir ou de rejeter... »[10]. Elles nous conduisent à prêter à Kant ces mots que Descartes avait écrits au sujet de l'une de ses Méditations : « ... Je voudrais que les lecteurs n'employassent pas seulement le peu de temps qu'il faut pour la lire, mais quelques mois ou du moins quelques semaines à considérer les choses dont elle traite... »[11].

§ 1 – *« Une véritable vulgarisation philosophique ».*

Selon Ernst Cassirer, « Qu'est-ce que s'orienter dans la pensée ? » est une dissertation sans doute brève, mais extrêmement caractéristique « de la façon de penser » de Kant[12]. Non seulement c'est elle qu'il choisit pour définir la structure de la rationalité par opposition à des formes de pensée prélogiques, mais encore il y trouve un symbole du développement de la pensée kantienne qui, débutant par des questions d'ordre géographique et physique, s'orienta vers des problèmes concernant les mathématiques, pour s'achever dans une orientation tendant à dresser la carte de la raison pure[13]. Il faut peu de réflexion pour saisir le motif profond de l'attention que l'auteur de la « Philosophie der symbolischen Formen » porte à « Qu'est-ce que s'orienter dans la pensée ? » : ce texte est un résumé saisissant de tous les grands thèmes de la philosophie kantienne et c'est pourquoi nous disions qu'il en constituait comme l'image. Dans « Qu'est-ce que s'orienter dans la pensée ? » Kant nous fait souvenir de tous les éléments de sa philosophie : la théorie de l'idéalité de l'espace, la distinction de l'Erscheinung et de l'Être, du phénomène et de la chose-en-soi, la notion de finalité, le primat de la raison pratique, la raison comme « Vernunftglaube » ou foi rationnelle, enfin la liberté comme son devoir-être et son idéal etc. C'est beaucoup à la fois et « Qu'est-ce que s'orienter dans la pensée ? » étant un écrit de philosophie populaire, un problème ne peut manquer de se poser : est-ce compréhensible ? Ce texte est naturellement intelligible si l'on a lu la *Critique de la raison pure*. Mais si on ne l'a point lue ? Ne l'oublions pas en effet : ce texte n'est nullement destiné aux professeurs de philosophie. Il s'adresse surtout à « l'homme d'une raison commune, mais saine »[14], au lecteur de la « Berliner Monatsschrift » qui, bien loin d'être profondément initié aux problèmes de la philosophie transcendantale peut entendre, sans en être autrement choqué, Jacobi proclamer qu'il enseigne « la même chose » que Kant. Ce lecteur se contentera-t-il de quelques pages pour saisir le sens véritable de la réponse kantienne et la portée du principe d'orientation qu'elle dégage ? On peut en douter. Et Kant lui-même en doute si l'on en juge d'après la remarque qui termine ce texte : « Instaurer l'Aufklärung au moyen de l'éducation en quelques sujets est une chose aisée par conséquent : il suffit d'habituer de bonne heure les jeunes esprits à une telle réflexion. Mais éclairer tout un siècle est très long et pénible. Il se trouve en effet des obstacles extérieurs qui peuvent en partie interdire ce genre d'éducation ou le rendre plus difficile »[15]. Certes l'*Aufklärung* ne consiste pas dans le savoir : « … il arrive souvent, note Kant, que celui qui est abondamment pourvu de connaissances, soit le moins éclairé sur leur usage »[16]. Cette affirmation ne résout cependant pas encore la difficulté. En effet, d'une certaine façon, l'*Aufklärung* consiste bien « à savoir » se servir de sa propre raison : « *Sapere aude*. Aie le courage de te servir de ton propre entendement »[17]. Comment toutefois ? Comment « bien » se servir de sa raison ? On répondra : lisez : « Qu'est-ce que s'orienter dans la pensée ? ». Mais nous voici dès lors pris en un cercle : ne demandions-nous pas précisément : « Qu'est-ce que s'orienter dans la pensée ? » est-il intelligible pour la « simple » raison ? Et si l'on pense que Kant, considérant le cours des choses humaines, n'y voit « en fin de compte… qu'un tissu de folie, de vanité puérile, souvent aussi de méchanceté... »[18], on peut se poser la question de savoir s'il espère le moins du monde toucher l'homme de tous les jours, auquel cependant s'adresse « Qu'est-ce que s'orienter dans la pensée ? ». Ce texte de Kant soulève un grave problème rarement évoqué dans les dialectiques philosophiques : comment la philosophie peut-elle se faire comprendre par l'opinion, comment peut-on prétendre écrire un texte de « vulgarisation philosophique » ? Comment peut-on vulgariser sans simplifier, sans déformer, sans trahir une pensée ? Et si comme Kant, on se refuse à déformer et que l'on n'hésite pas à se servir d'une série de concepts complexes, comment peut-on espérer atteindre son but, comment peut-on vouloir être compris ? « Qu'est-ce que s'orienter dans la pensée ? » soulève le problème de la possibilité d'une « véritable vulgarisation philosophique » c'est-à-dire d'une rencontre de la philosophie et de l'opinion.

Kant croit cette rencontre possible et estime que l'on peut mettre à la portée de tous certaines idées sans les déformer. D'une part Kant juge qu'il se « trouvera toujours quelques esprits capables de réfléchir qui répandront autour d'eux l'esprit d'une raisonnable appréciation de la valeur véritable et de la vocation de tout homme à penser »[19]. D'autre part, ce qui fonde sa certitude est l'affirmation que la philosophie est la plus profonde expression du respect de l'homme et que par conséquent elle ne saurait posséder la moindre valeur si elle ne pouvait parfois se faire comprendre par la raison commune. Accepter une philosophie dont la raison commune ne pourrait entendre la moindre parole, serait accepter une philosophie « in-humaine ». Le respect même de l'homme implique qu'on s'efforce toujours de communiquer avec lui ; si le philosophe et le non-philosophe ne pouvaient dialoguer, la philosophie serait privée du sens que lui donne Kant ; elle consisterait alors non plus à redescendre dans la caverne pour éclairer l'homme sur sa destination, mais uniquement à sortir de cette caverne comme le voulait Mendelssohn. Toutefois ce qui fonde la possibilité du dialogue entre la philosophie et l'opinion et donne leur sens à des vulgarisations philosophiques telles que « Qu'est-ce que s'orienter dans la pensée ? », c'est un principe encore plus profond et qui joue un rôle important dans le criticisme : si l'on considère les vérités pratiques et quelques vérités d'ordre théorique, il faut, selon Kant, reconnaître qu'à proprement parler la plus humble conscience n'a rien à apprendre du philosophe ; celui-ci n'a qu'à l'éclairer, qu'à lui révéler son savoir. Dans le criticisme la philosophie ne propose aucun contenu nouveau en ce qui touche aux vérités pratiques[20], elle se contente d'exprimer clairement ce que la conscience commune « sait » confusément : la conscience non-philosophique ne peut pas ignorer les vérités essentielles à sa destination, et Kant refuse passionnément d'admettre « qu'une connaissance qui intéresse tout homme, doive dépasser le simple bon sens... »[21]. De là « ce respect, inusité chez les philosophes, que Kant témoigne pour... l'allgemeine Menschenvernunft »[22] et de là aussi sa croyance à un dialogue toujours possible entre philosophie et opinion. La raison commune sur certains points – la majorité de ceux abordés par « Qu'est-ce que s'orienter dans la pensée ? » – peut toujours comprendre la raison philosophique. Celle-ci ne l'entretient que des vérités qu'elle possède en elle-même depuis toujours et ne s'attribue « que la fonction de libérer de leurs contradictions les notions de la saine raison et d'en défendre les maximes contre ses propres attaques sophistiques »[23]. Le dialogue de la conscience savante et de la conscience naïve peut être fructueux si cette dernière est de bonne volonté. Si Kant doute comme nous l'avons dit du succès d'une vulgarisation philosophique c'est seulement en vertu de sa vision pessimiste du monde des hommes : il doute de la bonne volonté de l'opinion et seul ce manque de bonne volonté peut interdire le dialogue de la raison commune et de la raison philosophique. Si l'on suppose cette bonne volonté donnée, le dialogue sera effectif et fécond. En définitive la question de savoir si une vulgarisation philosophique est possible et si « Qu'est-ce que s'orienter dans la pensée ? » est intelligible à la raison commune, se ramène à une question pratique : la raison commune sera-t-elle de bonne volonté ? Si la philosophie est bien : respect de l'homme, il faut présupposer, en dépit de tout ce que les actes humains manifestent d'attristant, qu'un tel mouvement de bonne volonté n'est pas impossible et par conséquent agir comme si ce mouvement devait avoir lieu. La philosophie doit sans cesse tenter de nouer un dialogue avec la non-philosophie et croire qu'elle sera entendue, s'il est vrai que les simples croyances de la raison, de la conscience naïve, permettent « à l'homme d'une raison commune, mais saine de se tracer une voie pleinement appropriée au but total de sa destination au point de vue *théorique*, comme au point de vue *pratique* »[24]. La certitude kantienne touchant la possibilité de ce dialogue pourra donc s'exprimer par ces vers de Goethe :

> « Ein guter Mensch in seinem dunkeln Drange,
> Ist sich des rechten Weges wohl bewusst »[25].
> Ou si l'on préfère : « Wer will, der kann ».

§ 2 – *Les éléments de l'orientation kantienne.*

Cette introduction à « Qu'est-ce que s'orienter dans la pensée ? » devant s'achever par des remarques critiques concernant la réponse apportée par Kant, il convient d'en retracer les « grandes lignes ».

On doit distinguer dans la réponse de Kant deux grands moments. Le premier est constitué par l'analyse de l'orientation dans l'espace. Kant invite la conscience à réfléchir tout d'abord sur la méthode d'orientation qu'elle utilise dans le monde sensible. Le second moment est la définition de l'orientation dans la pensée ; cette définition est obtenue au moyen d'une transposition analogique des résultats de la première réflexion. On déterminera la méthode d'orientation dans la pensée par analogie avec la méthode d'orientation dans l'espace. Il faudra d'ailleurs préciser les limites de l'analogie et toujours garder présent à l'esprit que l'analyse de l'orientation dans l'espace n'a été introduite qu'à titre de *paradigme*, sa fonction propre étant uniquement de préparer le lecteur à une compréhension plus facile du principe d'orientation dans la pensée. Le premier moment n'a donc pas été développé pour lui-même, mais seulement afin d'éclaircir une autre notion.

Il convient dans l'examen du premier moment de la réponse kantienne, comme le souligne E. Cassirer, de prêter attention au caractère exemplairement méthodique de l'analyse : la réflexion de Kant sur l'orientation dans l'espace constitue en elle-même un modèle d'orientation intellectuelle.

En approfondissant le phénomène d'orientation dans l'espace, en effet, Kant nous conduit d'un *fait* – l'orientation géographique – jusqu'à sa condition de *possibilité* a priori. Le résultat de l'analyse est constitué par le dévoilement du principe de toute orientation qui, posé dans sa nécessité et dans son universalité a priori, est défini par sa structure mathématique. Entre ces deux moments de l'analyse – l'examen du fait de l'orientation géographique et l'établissement du principe a priori et mathématique fondant toute orientation – le moyen terme est constitué par un court exemple qui dégage la fonction de l'orientation au niveau des sciences physiques. Il conviendra donc de bien distinguer dans l'analyse kantienne les trois niveaux auxquels l'orientation est étudiée : 1) géographique (définition AK-VIII, p. 134) ; 2) physique (l'astronome : AK-VIII, p. 135) ; 3) mathématique (exemple de la chambre noire, AK-VIII, p. 135). Comme il est aisé de le voir, la fonction de l'analyse de l'orientation astronomique est de nous permettre d'élever au niveau des principes scientifiques le principe régulateur de l'orientation psychologique ou géographique, et de comprendre que ce principe ne pourra s'expliciter définitivement comme condition de possibilité de toute orientation, qu'en revêtant sa signification mathématique. On remarquera également que le développement kantien s'oriente vers une saisie de plus en plus décisive de la subjectivité du principe d'orientation. Dans l'analyse de l'orientation, l'exemple qui révèle le mieux cet effort est sans doute celui de l'astronome : il présente une mise entre parenthèses de tout repère objectif d'orientation. Kant imagine une « farce » cosmique – le monde mis sens dessus dessous – pour montrer que tout sens dans le monde procède originairement de la conscience. Nous découvrons par cet exemple fantastique que tout sens s'enracine dans un principe subjectif et l'exemple qui suivra – celui de la chambre obscure – ne fera que confirmer cette affirmation en exposant une situation plus prosaïque et normale, mais dont la signification nous aurait peut-être échappé si nous n'avions été préparés à la saisir par l'exemple fabuleux précédemment proposé. Le progrès dans la compréhension de la subjectivité du principe d'orientation se traduit dans le fait que, dans le passage d'un exemple à l'autre, le caractère de la mise entre parenthèses de tout repère objectif change de structure : dans l'exemple de l'astronome, elle possède une structure quasi mythique – et en ce sens la conclusion qu'elle permet de dégager est encore contestable – dans l'exemple suivant une signification logique et presque expérimentale[26].

Le principe régulateur de l'orientation est découvert dans le sentiment subjectif de la gauche et de la droite. Cette distinction de la gauche et de la droite – dont la signification profonde est dégagée par Kant dès 1768 par l'analyse du paradoxe des objets symétriques[27] – constitue un principe d'orientation subjectif en un double sens : 1) ce sentiment trouve sa source dans la sensibilité et non pas dans un objet ; 2) cette distinction de la gauche et de la droite n'est pas « logique » ; en d'autres termes elle n'est pas fondée sur des relations simplement conceptuelles. Le résultat de l'analyse de l'orientation dans l'espace est donc le suivant : le principe de toute orientation est constitué par le sentiment a priori de la gauche et de la droite, sentiment dont procède tout sens et sans lequel aucun repère objectif ne saurait posséder de signification. C'est une transposition analogique de ce résultat qui devra permettre de déterminer le principe de l'orientation dans la pensée. Comme on le voit facilement ce dernier principe sera 1) enraciné dans le sujet ; 2) irréductible à la pure pensée logique.

Le second moment de la réponse kantienne – qui détermine le principe d'orientation dans la pensée – mentionne tout d'abord que nous sommes limités dans notre savoir par la nécessité de rapporter nos concepts à l'expérience sensible. Nous ne pouvons donc nous appuyer sur de purs concepts pour nous orienter « dans la pensée ou en cet espace supra-sensible incommensurable et plein de ténèbres pour nous »[28]. D'un autre côté nous n'avons pas d'intuition du supra-sensible. Comment pourrons-nous donc nous orienter ? La réponse est, selon Kant, dans la question elle-même ; c'est dans le besoin de la raison de s'élever au-delà du monde sensible qu'il conviendra de dégager son principe d'orientation dans la pensée. C'est donc en réfléchissant sur son propre désir de l'être que la raison pourra s'orienter dans l'être ; c'est en pénétrant le « sens » de son besoin qu'elle trouvera un sens dans l'espace supra-sensible, dans la pensée. En ce sens le principe d'orientation dans la pensée apparaît bien comme l'analogue du principe d'orientation dans l'espace : d'une part, il prend sa source dans le sujet, d'autre part il n'est pas conceptuel; c'est plutôt en fonction de son besoin que la raison décide d'attribuer à tel ou tel concept une signification supra-sensible; nous effectuons un choix entre nos pensées relatives au monde supra-sensible en nous appuyant sur notre besoin. Par exemple c'est en fonction du besoin de notre raison que nous décidons, pour expliquer la finalité, de supposer l'existence d'un être suprême; en effet nous ne pouvons juger par de simples concepts s'il convient de dire : « Dieu l'a ainsi voulu dans sa sagesse ou bien la Nature l'a ainsi sagement ordonné »[29]. Le sentiment de son propre besoin offre donc à la raison un principe d'orientation supra-sensible analogue à celui de l'orientation dans l'espace. Toutefois la valeur des deux principes est bien différente; tandis que le principe d'orientation dans l'espace possède une valeur constitutive, le principe d'orientation dans la pensée n'aura qu'une signification régulative; en effet la raison n'a pas d'intuition dans le monde supra-sensible et ne peut jamais s'assurer de la réalité objective de ses concepts. Il s'ensuit que l'orientation dans la pensée ne pourra jamais dissiper les ténèbres de l'espace supra-sensible. C'est pourquoi elle restera toujours *hypothèse* ou *postulat*; hypothèse s'il s'agit de l'usage théorique de la raison, postulat s'il s'agit de son usage pratique.

C'est sur cette distinction des hypothèses et des postulats que s'achève la réponse kantienne proprement dite. Cette distinction est ancienne selon l'esprit du criticisme, mais non selon sa lettre; si nous ne nous trompons, c'est la première fois qu'elle apparaît en un texte de la période critique destiné au public : on ne la trouve, en effet, ni dans la *Critique de la raison pure*, ni dans les *Fondements de la Métaphysique des mœurs*, ni dans les *Prolégomènes*. Son apparition marque un tournant dans la pensée de Kant : elle indique à la vérité la constitution d'une nouvelle métaphysique : la métaphysique de l'éthique[30]. En donnant à la raison dans son usage pratique un langage propre, Kant affirme son primat définitif. À côté des hypothèses qui n'ont qu'une valeur négative, n'étant que des « armes destinées non pas à fonder un droit, mais à le défendre seulement »[31], prennent place les postulats dont la valeur est beaucoup plus positive, puisque leur formulation s'impose en vertu des exigences même de la raison et non pas à l'occasion d'une dialectique. Les hypothèses sont facultatives, les postulats sont nécessaires; l'orientation dans la pensée est imposée par les exigences de la raison pratique et il se confirme que c'est bien dans son usage pratique, « le seul chemin » qui restait encore ouvert à la raison d'après la *Critique de la raison pure*[32], que l'esprit peut découvrir, par réflexion sur lui-même, une réponse à son inquiétude métaphysique.

§ 3 – *Remarques critiques et conclusion*

La réponse kantienne est, si l'on y réfléchit bien, paradoxale. Kant avait déjà réhabilité la sensibilité en lui donnant une valeur d'a priori ; l'esthétique transcendantale donnait au « sensible » une signification *pure*. C'était introduire le sensible au cœur de l'esprit, poser comme une dimension essentielle de celui-ci ce que toute philosophie avait jusqu'alors considéré comme extérieur à la constitution fondamentale de la *mens*. « Qu'est-ce que s'orienter dans la pensée ? » opère une révolution encore plus considérable : la raison en ce qu'elle a de plus profond est posée comme : besoin. Rien n'est plus paradoxal que cette affirmation : l'essence de la raison réside en une exigence qui ne rougit point de se dire comme besoin. Il nous reste à comprendre quel sens nous pouvons donner à l'idée d'un besoin de la raison. Avant d'aborder ce problème nous indiquerons les critiques qui peuvent être faites à l'analyse du principe kantien d'orientation dans l'espace : comme on le verra, ces critiques permettront de poser exactement la question du sens de la raison comme besoin.

Ne l'oublions pas, c'est par analogie avec le principe d'orientation dans l'espace que Kant détermine le principe d'orientation dans la pensée : on devra donc pouvoir relever en l'un et en l'autre – mais sur des plans distincts – des difficultés analogues.

On a reproché à Kant de prétendre mettre entre parenthèses tout repère objectif et de continuer cependant à présupposer, sans s'en apercevoir, une donnée objective dans l'orientation. Le premier qui ait formulé ce reproche est Wizenmann. Dans sa réponse à Kant de 1787, il soutient que celui-ci ne rejette jamais qu'en apparence les données objectives de l'orientation et critique particulièrement l'exemple de la chambre obscure. En réalisant l'obscurité, Kant croit éliminer toute donnée objective dans l'orientation : la nuit symbolise l'absence de tout repère objectif et l'inutilité d'une donnée objective pour s'orienter. Mais la mise entre parenthèses des données objectives n'est qu'apparente : en effet, sans y faire attention, Kant déclare que je pourrai m'orienter à condition que je puisse saisir un objet dont la situation m'est restée présente à la mémoire. C'est dire que je ne peux distinguer la gauche et la droite qu'à partir d'un donné objectif ; je constitue le sens du monde grâce au sentiment de la gauche et de la droite, si je peux saisir un fragment du monde dont la relation avec les autres fragments m'est connue. Loin de m'orienter, par conséquent, par le simple sentiment de la gauche et de la droite, je dois aussi m'appuyer sur le monde ou sur le souvenir du monde. Voici en quels termes Wizenmann présente sa critique : « Vous trouvez cependant bien nécessaire, dit-il à Kant, la saisie d'un objet lorsque vous voulez vous orienter en une chambre toute noire et connue de vous. Donc ce n'est point uniquement grâce à ce sentiment, à ce principe subjectif de la différence de la droite et de la gauche, que vous êtes en état de porter un jugement correct sur la situation des objets non-visibles, mais vous devez de plus vous servir d'un principe de différenciation objectif : l'objet que vous saisissez »[33]. Kant commet ainsi une pétition de principe : en déclarant que, pour m'orienter, je n'ai besoin, dans le cas de la chambre obscure, que de saisir un objet dont la place m'était connue, il réintroduit tout ce qu'il voulait éliminer.

Cette critique a été reprise par Heidegger dans « Sein und Zeit ». « Si je dois m'orienter, dit-il, le « simple sentiment de la différence » de mes deux côtés ne me servira de rien, aussi longtemps que je n'aurai pas saisi un objet déterminé, dont, comme le dit Kant à la légère (*beiläufig*) « je me souviendrai de la position[34]. On peut aisément concevoir quelle grave critique du kantisme peut se greffer sur cette remarque. Ce « souvenir » auquel Kant accorde si peu d'importance est en réalité la manifestation de l'*In-der-Welt-Sein*, de l'être-dans-le-monde ; il signifie – en ce qui concerne l'orientation – que je ne m'oriente que *dans* le monde et à partir du monde. À bien y réfléchir, l'analyse kantienne renferme une absurdité : elle cherche à donner un sens à l'orientation abstraction faite du monde et à rendre possible une orientation dans le monde sans le monde. Et cette contradiction se révèle dans l'échec kantien pour fonder l'orientation dans un principe purement subjectif. Il faut cependant donner tout son sens à cette critique en se demandant pour quelle raison Kant n'a pas vu cette contradiction manifeste. S'il n'a pu la déceler, c'est en fonction de sa conception de l'espace qu'il conçoit comme le cadre en lequel le monde se disposera ; en d'autres termes, le sujet kantien n'est pas originairement en relation à un monde, mais seulement à un espace ; il est originairement un sujet-sans-monde ; c'est parce qu'il possède un espace qu'il pourra posséder un monde, et ce n'est pas parce qu'il possède un monde qu'il possède un espace. Dès lors si l'espace précède logiquement le monde et en conditionne les dimensions, le principe qui me permet d'opérer une distinction dans l'espace a priori – le sentiment de la gauche et de la droite – devra aussi me permettre d'opérer a posteriori des distinctions dans le monde. On voit donc ce qui fonde l'analyse kantienne en même temps que sa contradiction ; c'est l'a priorité de l'espace, et ce n'est rien moins que cette a priorité qui est remise en question par la critique du principe kantien d'orientation dans l'espace. Le véritable a priori, comme le montre la nécessité du souvenir de la position d'un objet, ce n'est pas l'espace au sens kantien, c'est l'être-dans-le-monde. Comme le dit Heidegger : « Ce sujet doué du « simple sentiment » de la différence (de la gauche et de la droite) n'est qu'une pure construction de l'esprit, qui manque totalement la véritable constitution du sujet, à savoir que la réalité humaine douée de ce

« simple sentiment » est déjà dans un monde et doit y être pour pouvoir s'orienter »[35].

On voit donc quelle grave critique du kantisme peut se fonder sur ces remarques concernant l'analyse de l'orientation proposée par Kant. Nous ne désirons pas ici discuter la portée de ces critiques ; nous voulons simplement nous demander si l'on ne pourrait découvrir dans le principe d'orientation dans la pensée une difficulté, non pas identique, mais analogue.

On peut, en effet, se demander avec Wizenmann, si le principe d'orientation dans la pensée ne recèle pas une difficulté analogue, s'il n'implique pas à son tour une confusion du subjectif et de l'objectif. Comment Kant peut-il parler du droit du besoin de la raison ? Comment peut-on élever un besoin au niveau d'un droit, donner à une tendance subjective, au sens le plus fort de ce terme, une prétention à l'objectivité ou à la rationalité comprise dans l'idée de droit ? Prenons par exemple l'idée de félicité – *Glükseligkeit* – dont Kant nous parle dans « Qu'est-ce que s'orienter dans la pensée ? » et en laquelle s'exprime le besoin de la raison. Cette idée possède-t-elle, véritablement une signification rationnelle ? – ou n'a-t-elle de sens que pour l'*homo phaenomenon* ; c'est-à-dire pour l'homme en tant qu'il n'est pas seulement un être raisonnable ? C'est là ce que se demande un bon interprète de Kant, Reininger, en posant la question de savoir.. « si pour un être raisonnable l'idée de félicité en général peut conserver une valeur et si… on ne transpose pas inconsciemment un besoin de l'*homo phaenomenon* à l'*homo noumenon* »[36]. Kant ne commet-il pas une confusion des valeurs subjectives et des valeurs objectives en attribuant à l'être raisonnable des besoins qui sont propres à l'homme ? Dès lors que penser du principe d'orientation dans la pensée proposé par Kant ? Ne pourra-t-on, comme Lagneau, douter que la raison éprouve réellement, en tant que raison, un tel besoin : ne sera-t-il pas juste de déclarer, encore avec Lagneau, que si la raison ressent un tel besoin – ce qui est beaucoup accorder – il demeurera toujours douteux qu'il « soit impossible de l'étouffer, de le dominer »[37]. Ne faudra-t-il pas dès lors repousser entièrement le principe d'orientation dans la pensée fondé sur le « besoin de la raison », puisque ce besoin ne pourra être véritablement rattaché à la raison, mais seulement à la constitution particulière de cet être raisonnable que nous nommons l'homme ? Donner au besoin de félicité par exemple une signification rationnelle et le poser comme principe d'orientation dans la pensée, serait ainsi confondre totalement l'être raisonnable et l'homme, l'objectivité de la raison en même temps que son universalité et la subjectivité humaine dans sa particularité. Comme on le voit le principe d'orientation dans la pensée contient une difficulté analogue à celle qu'on a déjà dégagée dans le principe d'orientation dans l'espace.

Peut-on résoudre cette difficulté ? L'objection présentée consiste à établir entre raison et besoin une relation inessentielle qui peut s'exprimer par la catégorie de l'avoir ; la raison en elle-même n'« est » pas « besoin » ; c'est seulement de par sa rencontre avec l'homme qu'elle peut, pour ainsi dire, paraître « avoir » un besoin. Le besoin de félicité, par exemple, n'est pas intérieur à l'essence même de la raison ; il n'« est » pas la raison. Au contraire il lui est extérieur et trouve sa source en l'homme. On peut se demander cependant s'il ne serait pas possible de concevoir une relation essentielle entre raison et besoin, une relation d'être.

Évidemment, Kant dans ce texte établit souvent une équation entre la rationalité et l'humanité – ainsi lorsqu'il déclare que ce besoin de la raison subsistera aussi longtemps que nous autres hommes[38], justifiant ainsi la critique présentée. Il est toutefois un passage qui pourrait permettre de proposer une autre façon de concevoir la relation du besoin et de la raison. Ce texte est le suivant : « La raison ne sent pas ; elle saisit son insuffisance et produit par la tendance à la connaissance (*Erkenntnistrieb*) le sentiment d'un besoin. Il en est dans ce cas tout de même que pour le sentiment moral qui n'est la cause d'aucune loi morale – car celle-ci prend entièrement sa source dans la raison – mais au contraire est causé ou produit par la loi morale, par conséquent par la raison, puisque la volonté en acte et libre a cependant besoin de motifs déterminés »[39]. La relation de la raison et du besoin qu'elle éprouve serait donc comparable à celle de la raison pratique et du respect ; ce serait une relation essentielle. De même que le respect est essentiellement lié à la raison pratique en tout être raisonnable fini[40], de même le besoin de la raison lui serait essentiel en tout être raisonnable fini : seule la raison d'un être sans limites pourrait être affranchie à la fois du respect et du besoin de la raison. Dès lors celui-ci proviendrait en premier lieu et logiquement du caractère fini de toute raison – à l'exception de celle de l'être suprême – et tout de même que le respect est la moralité elle-même « considérée subjectivement »[41], de même le besoin de la raison serait la raison elle-même considérée subjectivement ; c'est-à-dire la raison telle qu'elle doit apparaître à l'être fini qui en est le sujet. Une telle interprétation du besoin de la raison permettrait sans doute de dépasser la difficulté indiquée en faisant du besoin de la raison non pas la conséquence de la rencontre de l'humain et du rationnel, mais le reflet de la finitude de toute raison créée et limitée apparaissant au cœur de cette raison elle-même. Dès lors, il n'y aurait pas une relation accidentelle entre « besoin » et « raison », mais une relation essentielle[42].

La raison « est » ainsi besoin. Peut-être est-ce là lui accorder bien peu et l'inviter à trop de modestie : Hegel, précisément, estimera que ce besoin n'exprime que « le triomphe… de l'entendement borné »[43]. Cependant, en se reconnaissant comme « besoin », la raison kantienne évitera le destin du Savoir absolu qui dans le « Nachtlied » de Zarathoustra devient besoin du besoin : « Licht bin ich : ach dass ich Nacht wäre... O Verfinsterung meiner sonne. *O Bègierde nach Begehren.* O Heisshunger in der Sättigung »[44]. Il n'est que trop vrai de dire : « Simple lumière, simple obscurité ». Le Savoir absolu que nous promet la philosophie hégélienne, bien loin de dépasser le « besoin » de la raison », ne fait que l'ignorer. Et il est naturel qu'en la solitude de lumière où le Savoir absolu nous enferme renaisse le besoin de notre être véritable, c'est-à-dire le besoin du besoin de la raison : « ... dies ist meine Einsamkeit dass ich von Licht umgürtet bin »[45]. Être un être raisonnable, c'est nécessairement éprouver une nostalgie de l'Être et tous nos efforts pour nier par un soi-disant Savoir absolu ce « besoin », cette nostalgie qui anime notre conscience, ne peuvent qu'aboutir à nous enfermer en une prison de lumière, dans le calme absolu d'un esprit sachant toutes choses et figé pour l'éternité dans sa propre affirmation. Il faut reconnaître modestement que notre raison est besoin, car c'est en cet aveu que nous dévoilons le fondement de la vie de notre raison toujours tendue vers ce qui la dépasse, vers l'Être, toujours divisée entre le fini et l'infini. Le « besoin de la raison » dont nous entretient Kant est la plus haute manifestation de cette métaphysique de la modestie qui définit le criticisme. La raison est « besoin » : quelle humilité ! mais aussi quelle lucidité ! On l'a bien dit : « Toutes les grandes entreprises de lucidité intérieure, l'ironie de Socrate, la gnoséologie criticiste qui mesure les limites de la connaissance, furent des invitations à la modestie et au retour sur soi »[46]. En reconnaissant le besoin qui l'anime, la raison trouve sa vie en se saisissant comme l'être d'un « manque » et ce manque est manque de savoir. Aussi bien la raison se définit-elle, en ce qu'elle a de plus profond, comme « opposée » au savoir : elle est foi, elle est croyance. Toutefois, ce faisant, la raison n'entend pas en quelque sorte se démettre comme le voulait Jacobi : elle ne cède pas la place à la foi. Elle est foi et la foi est raison. C'est justement parce que la raison achevée n'est pas nécessairement un Savoir absolu que la foi peut apparaître comme rationnelle. À bien y réfléchir, Jacobi partage avec Hegel l'idée que la raison doit, pour être elle-même, atteindre au savoir absolu et c'est pourquoi, constatant l'échec de la raison – que Hegel prétendra effacer –, il ne voit d'autre refuge pour l'esprit qu'une foi irrationnelle. La philosophie kantienne nous permet d'éviter une telle alternative entre foi et raison. La raison étant finie en elle-même et étant besoin, peut se poser comme foi, comme croyance, sans pour autant abandonner sa dignité de raison. En reconnaissant ses limites, en avouant la nostalgie de l'être qui l'habite, en découvrant en elle-même un indestructible « besoin », en se posant enfin comme foi, comme croyance, la raison kantienne ne se nie pas : elle s'affirme. Rien n'est plus difficile que d'être soi et il faut retenir ces mots de Kant : « … la philosophie du non-savoir… est… difficile, parce qu'elle doit remonter jusqu'aux sources de la connaissance »[47].

La raison finie est « besoin », « nostalgie de l'être »[48]. On ne peut cependant pleinement comprendre cette nostalgie si on la sépare de l'exigence d'auto-réalisation qui est immanente à la raison en son essence propre. En effet si la raison est « besoin », nostalgie de l'Être, ce n'est pas seulement parce qu'elle est « manque » de savoir, c'est aussi et plus profondément encore parce qu'elle ne peut tendre vers sa propre réalisation, sans affirmer l'existence de Dieu, sans se confier à l'Être… Comme le dit Kant dans « Qu'est-ce que s'orienter dans la pensée ? » : la raison ne *cesse jamais de tendre vers la liberté*. La raison est besoin et désir de l'Être parce qu'elle est désir de soi. La raison est l'exigence d'un monde intelligible, c'est-à-dire de la liberté et en un sens l'on peut dire que la raison en tant qu'exigence n'est finalement que l'exigence de soi-même. L'on voit quelle erreur il y aurait à concevoir « besoin » et « raison » comme deux termes liés l'un à l'autre par une relation contingente du type de « l'avoir ». À proprement parler, en effet, on ne peut « avoir » le besoin d'être soi-même ; on peut seulement « être » ce besoin. Ce besoin qui est la raison est besoin de *liberté* et pas plus que la conscience cartésienne, comme l'a montré M. Alquié, n'« a » l'idée de Dieu, mais « est » idée de Dieu, la raison kantienne n'a un besoin de liberté. « Das Bedürfniss der Vernunft » cette expression en son sens le plus profond signifie que la raison est pour elle-même un devoir-être de son être comme liberté.

La raison ne « cesse jamais de tendre vers la liberté » ; *la liberté est ainsi le terme de l'orientation kantienne*. La raison kantienne ne connaît qu'une seule orientation, qu'un seul chemin : la liberté, l'idéal de toute vie est l'espérance active de « la plus grande liberté humaine fondée sur des lois qui permettraient à la liberté de chacun de subsister en même temps que celle de tous les autres »[49]. Car telle est la félicité promise par Kant à la conscience, si Dieu lui vient en aide. Si les consciences s'élevaient au plus haut bien possible en ce monde, la moralité « qui n'est possible que par la liberté »[50], le « plus grand bonheur » en découlerait de lui-même ; la *liberté* serait enfin notre seule loi. C'est pourquoi il est faux, sous prétexte que Kant parle de félicité, de dénoncer un quelconque eudémonisme dans la preuve « morale » de l'existence de Dieu. La félicité, telle que la conçoit Kant, n'est nullement constituée par la jouissance des sens mais elle désigne la réalisation, l'être-là de la liberté, et c'est à cette présence de la liberté en ce monde que tout notre être et toute notre raison aspirent comme à la véritable félicité. Car ce jour-là, le royaume de Dieu serait enfin réalisé sur cette terre. Ne l'oublions pas en effet : la liberté est notre « unique trésor », et quelle que soit la condition humaine, elle sera « un remède à tous les maux attachés à cette condition ». Si elle se réalise dans l'éther de la liberté, il n'est pas de conscience humaine qui puisse être malheureuse ; au contraire il n'est aucune félicité, ni joie authentique pour une conscience privée de cet horizon lumineux de la liberté qui s'annonce en la raison. On comprend aussi bien pour quelles raisons Kant déclare que ce besoin durera aussi longtemps que nous autres hommes. La liberté n'a pas de limites[51]. Sans cesse la conscience se projettera, s'*orientera* vers une plus haute liberté. Telle est notre vocation.

Mais voici le mot de la fin : nous savons à présent la valeur et le prix de la « liberté de penser » que Jacobi, Wizenmann et Mendelssohn ont opprimée tour à tour en niant l'« In-Gemeinschaft-mit-anderen-denken ». Ils l'ont tous niée, ne voyant pas que la liberté n'est pas si sa réalisation ne permet pas « à la liberté de chacun de subsister en même temps que celle des autres ». Et leur négation tendait à étouffer la voix de la raison clamant son besoin de liberté. En niant la liberté de pensée, ils cherchaient à fermer définitivement cet horizon de liberté qui s'ouvre à tout être raisonnable et pensant par soi-même. Cela nous enseigne que toute liberté s'enracine en la liberté de penser : c'est parce que nous pensons librement que nous pouvons nous proposer la liberté comme horizon de toute vie humaine ; c'est parce que nous pensons librement avec autrui que nous pouvons penser à un monde libre qui serait le nôtre ; c'est dans la liberté de penser que se manifeste notre nature raisonnable. Ainsi dans la liberté de penser se résume toute l'orientation kantienne : elle suppose en effet que l'esprit ne peut « servir » d'autre vérité que la sienne[52]. Et c'est pourquoi, là où la vérité n'est plus intérieure à la raison mais s'impose du dehors, la liberté tout entière est perdue. En effet au langage universel de la raison qui enveloppe le respect de chacun et la conscience de la dignité d'autrui, à la liberté de penser qui est ainsi « pluralisme », se substitue le langage de la force qui nie la liberté d'autrui et méconnaît l'universalité de l'idéal auquel nous conduit la liberté. Dès lors au lieu de « s'orienter » vers une « société des nations »[53] l'esprit retourne à la « confusion des langues » et prenant pour loi l'égoïsme, se plie de nouveau à la malédiction de Babel ; au « Vous » kantien, enfin, doit se substituer le langage du mépris aristocratique en lequel « … la dignité humaine cesse de compter et où demeure l'homme seul… qui doit être interpellé « tu » par ses supérieurs »[54]. Nous tenons à la liberté de penser car elle seule nous dévoile l'horizon de notre vie ; elle seule donne un sens concret au langage du « vous », au respect, c'est-à-dire à la vérité du pluralisme, ou, comme le dit Kant, « à la façon de penser qui consiste à se considérer et à se conduire comme un simple citoyen du monde »[55]. Dans la liberté de penser qui permet à la raison de clamer son besoin de liberté, se lève l'exigence de la spiritualité authentique : l'*autonomie*. En elle se dit une exigence « qui durera aussi longtemps que nous autres hommes », car répétons-le « … il s'agit de la liberté qui peut dépasser toute limite assignée »[56] et une infinie distance sépare l'esprit de lui-même. Peu importe, que la raison constate sans cesse une nouvelle limite à la réalisation de la liberté ; sa vie même est suspendue à l'infinité de sa tâche, et nous ne devons pas souhaiter l'existence morte et sans projet d'une liberté qui serait, par impossible, totalement réalisée : la conscience serait alors un être mort comme la chose. La liberté doit demeurer pour nous cette exigence infinie qui toujours nous dévoile un nouvel horizon et si « être libre n'est rien, devenir libre est le ciel » disait Fichte. L'orientation éthique, l'orientation spirituelle de soi-même dans la pensée est ainsi l'éternel effort de l'esprit pour promouvoir la nouvelle catholicité du respect et la libre cité des hommes ; au cœur de cette orientation qui reflète le πάθος du Sollen en son infinité, se dit toujours son Idéal perpétuellement vivant : *la plus grande liberté humaine.*

KANT

QU'EST-CE QUE S'ORIENTER DANS LA PENSÉE ?

|QU'EST-CE QUE S'ORIENTER AK-VIII
DANS LA PENSÉE [a] 133

Si étendue que puisse être l'application de nos concepts, et par conséquent que puisse être notre pouvoir de faire abstraction de la sensibilité, des représentations de l'imagination (*bildliche Vorstellungen*) demeurent encore attachées à ces concepts. La fonction propre de celles-ci consiste à rendre susceptibles d'un usage expérimental les représentations qui ne sont point dérivées de l'expérience. Comment saurions-nous, en effet, procurer un sens, une signification à nos concepts, si quelque intuition – devant toujours être en fin de compte l'exemple d'une expérience possible quelconque – ne leur était point soumise ? Si donc nous excluons du processus concret de l'entendement la représentation imaginée et avant tout la perception contingente des sens qui s'y mêlent, et même jusqu'à la pure intuition sensible, il ne nous reste rien d'autre qu'un pur concept de l'entendement dont le champ est maintenant élargi et qui enveloppe une règle générale de la pensée. La Logique générale s'est elle-même constituée de cette façon et il se pourrait que maintes méthodes heuristiques pour la pensée soient encore dissimulées dans l'usage expérimental de notre entendement et de notre raison, peut-être enrichiraient-elles bien la philosophie de maximes nombreuses et utiles, même pour la pensée abstraite, si nous nous entendions à les dégager habilement de l'expérience.

|C'est d'un principe de ce genre que se réclamait expressément feu 134
Mendelssohn, mais seulement, autant que je le sache, en ses derniers écrits :

a. J. Tissot avait déjà donné une traduction assez imparfaite de « Qu'est-ce que s'orienter dans la pensée ? » dans ses « Mélanges de Logique ».

les « Morgenstunden » (p. 164-165)[a], et la « Lettre aux amis de Lessing » (p. 67)[b]. Il s'agit de la maxime nécessaire à l'usage spéculatif de la raison – usage auquel d'ailleurs il accordait beaucoup, jusqu'à l'évidence des démonstrations, par rapport à la connaissance des objets supra-sensibles. Cette maxime prescrit de *s'orienter* par un certain moyen de direction qu'il nommait tantôt le « bon sens » (*Gemeinsinn*) dans les Morgenstunden –, tantôt la « saine raison », tantôt enfin le « simple entendement humain » dans la Lettre aux amis de Lessing.

Qui donc aurait pu prévoir qu'un tel aveu deviendrait aussi funeste, non pas tellement à l'avantageuse opinion qu'il se faisait du pouvoir de la raison spéculative dans les matières théologiques – en fait ceci était inévitable – mais à la saine raison commune elle-même, qui étant donnée l'ambiguïté en laquelle il avait laissé l'exercice de ce pouvoir par rapport à la spéculation, devait courir le danger de servir de principe à l'enthousiasme et à l'abdication complète de la raison ? Et pourtant c'est là ce qui est arrivé dans la polémique de Jacobi et de Mendelssohn, surtout d'ailleurs par les conclusions non dénuées d'importance du pénétrant auteur des « Résultats »[c].

Mon intention n'est pas de vouloir attribuer à l'un ou à l'autre de ces penseurs le dessein d'introduire une façon de penser aussi pernicieuse. Je considérerai plutôt la tentative de l'auteur des « Résultats » et de Jacobi comme un argument « ad hominem », dont on peut à bon droit faire usage comme d'une simple arme de défense, en se servant au détriment de l'adversaire des points faibles qu'il offre. D'autre part, je montrerai qu'en réalité c'est par la raison qu'il convient de s'orienter et non par un soi-disant et mystérieux « sens de la vérité » ou une intuition transcendante qualifiée de « croyance » sur lesquels il serait loisible, sans le consentement de la raison, de greffer la révélation et la tradition. Je montrerai même, comme Mendelssohn le soutint sans cesse avec une légitime ardeur, qu'il ne faut s'orienter que par la pure raison humaine proprement dite, ainsi qu'il le jugeait nécessaire et le conseillait. Toutefois la haute prétention de la faculté spéculative de la raison et particulièrement son autorité (par démonstration), qui est purement impérative, doivent naturellement être rejetées : pour autant que la raison est spéculative, il ne lui sera reconnu que

a. *Mendelssohn's Schriften zur Philosophie, Aesthetik und Apologetik*, herausgegeben von Dr Moritz Brasch, Leipzig, 1880, p. 370.

b. *Ibid.*, p. 490.

c. Cf. Jacobi, *Briefe über die Lehre des Spinoza*. Breslau, 1785. – *Jacobi Mendelssohn's Beschuldigung betreffen die Briefe über die Lehre des Spinoza*. Leipzig, 1786. – Die Resultate des Jacobi'schen und Mendelssohn'schen Philosophie untersucht von einem Freiwilligen.

la fonction de libérer de leurs contradictions les notions de la saine raison commune et d'en défendre les maximes contre ses propres attaques sophistiques. – Une idée plus large et plus exactement déterminée de l'acte de s'orienter (*Sich-orientieren*) peut nous aider à présenter clairement les maximes de la saine raison dans leur application à la connaissance des objets supra-sensibles.

- I -

S'*orienter* signifie en son sens propre : trouver à partir d'une région céleste donnée – nous divisons l'horizon en quatre régions – les autres régions et surtout l'orient. Si je vois le soleil au ciel et si je sais qu'il est maintenant midi, je puis trouver le sud, l'est, le nord et l'ouest. Mais à cet effet il m'est indispensable d'éprouver par rapport à moi-même le sentiment d'une différence ; je veux dire celle de la droite et de la gauche.
| Je me sers du terme de sentiment (*Gefühl*), car vus du dehors ces deux 135
côtés ne présentent dans l'intuition aucune différence notable. Si je n'avais la possibilité en traçant un cercle de distinguer, sans être obligé de le rapporter à des repères objectifs, le mouvement allant de la gauche vers la droite et celui de sens opposé, et de déterminer ainsi une différence a priori dans la disposition des objets, je ne saurais pas si c'est à la gauche ou à la droite du point Sud qu'il me faut situer l'Ouest, ni si je dois décrire en passant par le Nord et l'Est le cercle retournant au Sud. Par conséquent, compte tenu de toutes les données objectives, je ne m'oriente géographiquement qu'au moyen seulement d'un principe de différenciation subjectif. – Tous les astres conservant la même apparence et la même disposition les uns par rapport aux autres, supposons simplement qu'un jour par miracle le sens de cette disposition se renverse d'ouest en est : à la première nuit étoilée aucun œil humain n'apercevrait le plus petit changement. Même l'astronome serait inévitablement désorienté s'il ne faisait attention qu'à ce qu'il voit et non à ce qu'il ressent. Mais, bien entendu, va venir à son secours cette faculté de différenciation par le sentiment de la gauche et de la droite qui lui a été donnée par la Nature et qu'un exercice fréquent a rendue habituelle. Aussi n'aura-t-il qu'à porter les yeux sur l'étoile polaire et non seulement il remarquera le changement survenu, mais encore il pourra s'orienter en dépit de celui-ci[a].

a. Voir au sujet de ce texte difficile le commentaire, chap. VI, § 2, p. 71-72 et § 3, p. 75-77.

Je puis à présent élargir ce concept géographique de la méthode d'orientation et comprendre dès lors : s'orienter en général dans un espace donné, c'est-à-dire par conséquent de façon simplement mathématique. – Pour m'orienter dans l'obscurité en une pièce que je connais, il me suffit de pouvoir saisir un seul objet dont la place est présente à ma mémoire. Rien évidemment ne me vient ici en aide, si ce n'est cette faculté de déterminer une situation par un principe de différenciation subjectif; en effet je ne vois pas du tout les objets dont je dois trouver la place. Je ne pourrais certes me reconnaître dans une chambre aux parois identiques, si quelqu'un par plaisanterie, avait déplacé tous les objets, laissant le même ordre entre eux, mais posant à gauche ce qui, auparavant, se trouvait à droite. Mais bientôt, grâce au simple sentiment de cette différence entre mes deux côtés, le droit et le gauche, je pourrais m'orienter. C'est là exactement ce qui se passe, quand je suis obligé de marcher et de me diriger de nuit dans des rues que je connais, mais en lesquelles je ne distingue plus une seule maison.

136 | Enfin il m'est possible d'élargir encore plus ce concept il ne comprendrait plus seulement le pouvoir de s'orienter dans l'espace, c'est-à-dire mathématiquement, mais d'une façon générale celui de s'orienter dans la pensée ou encore logiquement. On devine facilement par analogie qu'il s'agira d'une fonction de la raison pure : celle qui en règle l'usage, lorsque partant des objets connus – de l'expérience – la raison cherche à s'élever par-delà toutes les bornes de l'expérience et ne trouve absolument rien comme objet d'une intuition, mais seulement un cadre pour celle-ci. En effet en déterminant son propre pouvoir de juger, la raison n'est alors plus en état de soumettre ses jugements à une maxime positive d'après les principes objectifs de la connaissance; elle ne peut que se fonder sur un principe subjectif de différenciation. Ce principe subjectif (*dies subjecktive Mittel*), le seul qui lui reste encore, n'est rien d'autre que le sentiment du *besoin* inhérent à la raison[a]. Nous resterons assurés contre toute erreur si, lorsque nous n'en savons pas autant qu'il est possible de l'exiger d'un jugement déterminant, nous prenons garde de n'en point porter : en elle-même l'ignorance est donc sans doute la raison des limites de notre connaissance, mais non celle de ses égarements. Cependant lorsqu'il ne dépend point de nous de vouloir ou de ne pas vouloir juger (lorsque d'une part c'est un besoin réel et comme tel inhérent à la raison qui nous contraint de juger, mais que d'autre part aussi, l'insuffisance de notre savoir nous limite par rapport aux éléments exigés pour porter un jugement) il est nécessaire en ce

a. S'orienter dans la pensée en général signifie donc : étant donnée l'insuffisance des principes objectifs de la raison, se déterminer à l'assentiment (*im Fürwahrhalten*) d'après un principe subjectif de celle-ci.

cas, que nous trouvions une maxime d'après laquelle nous puissions fixer notre jugement. Car la raison veut être satisfaite. Nous avons déjà posé qu'à ce niveau il ne pouvait y avoir aucune intuition d'un objet, ni même rien qui ressemblât à un objet, au moyen duquel il nous serait possible de présenter à nos concepts élargis ce qui leur correspond objectivement et de nous assurer de leur possibilité réelle. Dès lors il ne nous reste qu'à bien examiner tout d'abord le concept par lequel nous voulons nous élever au-delà de toute expérience possible afin de voir s'il ne renferme aucune contradiction. Puis nous devons, tout au moins, soumettre aux concepts purs de l'entendement la relation d'un tel objet aux objets de l'expérience. Ce qui, certes, ne nous le rend point encore sensible, mais nous fait concevoir une réalité supra-sensible compatible avec l'usage expérimental | de notre 137
raison. Sans une telle précaution, nous ne saurions faire le moindre usage d'un semblable concept et nous délirerions au lieu de penser.

Il demeure cependant que par un simple concept nous n'avons encore rien obtenu au sujet de l'existence de cet objet et de sa liaison avec le monde – la totalité des objets de l'expérience sensible. Mais c'est ici qu'intervient le droit du besoin de la raison (à titre de principe subjectif) lui permettant d'admettre et de supposer ce qu'elle ne doit point prétendre savoir en fonction de principes objectifs, ici intervient par conséquent le droit de la raison de s'orienter dans la pensée, ou en cet espace supra-sensible incommensurable et plein de ténèbres pour nous, uniquement d'après son propre besoin.

Les objets des sens n'épuisant pas tout le champ du possible on peut concevoir maint objet supra-sensible, sans que la raison éprouve le moindre besoin de s'y élever et encore moins d'en admettre l'existence. La raison a suffisamment à faire avec les causes intra-mondaines (*Ursache in der Welt*) qui se manifestent aux sens – ou qui du moins sont du même genre que celles qui se manifestent ainsi –, pour que de plus elle ait encore besoin de l'influence secourable de purs esprits de la nature : une semblable hypothèse serait plutôt nuisible à son usage. En effet puisque nous ne savons rien des lois d'après lesquelles ces êtres pourraient agir, mais que par contre nous savons bien des choses sur les causes qui appartiennent à ce monde, ou que du moins nous pouvons espérer les connaître par l'expérience, on porterait plutôt atteinte à l'usage de la raison par quelque supposition de ce genre. Ce n'est donc nullement un besoin que de se livrer à de telles recherches, ou de jouer avec des fictions de cette sorte : ce n'est qu'une pure et simple curiosité, qui n'aboutit qu'à des rêveries. Il en est tout autrement du concept du premier des êtres à la fois comme intelligence suprême et souverain bien. Car notre raison ne se contente pas d'éprouver le besoin de poser au principe du concept de tous les êtres limités le concept de l'être sans limites[a]. Ce besoin la porte jusqu'à en admettre l'existence. Sans cette existence elle ne saurait se donner aucune raison satisfaisante de la contingence de l'existence des choses en ce monde et encore bien moins de l'ordre et de la finalité que l'on découvre partout à un point étonnant – et plus encore en les choses de faible dimension (elles nous sont en effet plus proches) qu'en ce qui est de grande dimension. À moins d'admettre un créateur intelligent, on ne saurait en donner la moindre raison intelligible sans tomber en de pures absurdités. Bien que nous ne puissions prouver l'impossibilité d'une telle finalité en l'absence d'une cause première intelligente – auquel cas nous posséderions les raisons objectives de cette assertion et n'aurions point besoin de nous en rapporter à des raisons subjectives

a. Comme la raison a besoin de supposer par rapport à l'ensemble des choses possibles quelque réalité comme donnée et qu'elle ne voit dans la diversité des choses que des limitations constituées par les négations qui leur sont inhérentes, elle se trouve contrainte de poser une unique possibilité, précisément celle de l'Être illimité, en tant que principe originaire, et de considérer toutes les autres choses comme dérivées. D'autre part, comme la possibilité de toute chose singulière doit être comprise absolument dans le tout des existences – c'est, du moins, la seule façon dont le principe de détermination générale nous permette la distinction du réel et du possible nous découvrons ici un principe subjectif, c'est-à-dire : un besoin de notre raison elle-même, exprimant la nécessité de poser l'existence d'un être souverainement réel (suprême) comme fondement de toute possibilité. C'est ici que la preuve cartésienne de l'existence de Dieu va prendre sa source, étant donné qu'on considère des raisons subjectives de supposer une quelconque réalité (etwas) pour l'usage de la raison – qui au fond demeure toujours un usage seulement expérimental – comme des raisons objectives – et par conséquent qu'on considère ce qui est besoin, comme un acte d'intellection. Ce qui s'applique à cette preuve s'applique à toute autre preuve du bien méritant Mendelssohn dans ses « Morgenstunden ». En fait de démonstration elles n'apportent rien. Ce qui ne signifie pas qu'elles ne soient d'aucune utilité. Ne disons rien à ce propos de la belle occasion qui est offerte par ces développements extrêmement subtils des conditions subjectives de l'usage de notre raison pour une étude complète de cette faculté : de ce point de vue, ils en constituent de durables exemples. Il reste (néanmoins) que ce qui est vraisemblable d'après des principes subjectifs de l'usage de notre raison, prend toujours une grande importance, quand nous manquons de raisons objectives, tout en étant contraints de juger. Cependant nous ne devons pas présenter comme une libre façon de voir une supposition à laquelle nous sommes contraints, afin de ne pas montrer sans nécessité à l'adversaire avec lequel nous nous sommes laissé aller à dogmatiser, les points faibles dont il peut se servir à notre détriment. Mendelssohn ne s'était certainement pas imaginé que dogmatiser dans le champ du suprasensible avec la raison pure est un chemin menant directement à l'enthousiasme en philosophie et que seule une Critique de cette même faculté rationnelle pouvait remédier radicalement à ce mal (*Übel*). Il est vrai que la discipline de la méthode scolastique – celle de Wolf par exemple qu'il recommandait aussi pour cette raison – peut arrêter quelque temps ce
138 désordre | puisqu'elle détermine tous les concepts par des définitions et que chaque pas doit être justifié par les principes fondamentaux ; mais elle ne le saurait prévenir entièrement. Car de quel droit voudrait-on interdire à la raison de pénétrer plus avant en ce champ où, de son propre aveu, elle a si bien réussi et où se trouvent par conséquent les bornes auxquelles elle doit s'arrêter ?

– il nous reste toutefois, en dépit de l'insuffisance de nos lumières, une raison subjective satisfaisante pour admettre une telle cause. – | En effet 139
comme ce besoin n'est satisfait par aucune chose, à laquelle la raison puisse, par ailleurs, rattacher un concept, elle a besoin de supposer ce qui lui est intelligible, pour en dégager l'explication du phénomène donné.

Mais on peut considérer le besoin de la raison sous deux aspects, premièrement, dans son usage théorique, secondement, dans son usage pratique. Je viens d'exposer ce besoin sous son premier aspect ; il est aisé de voir qu'il est soumis à une condition : nous ne devons admettre l'existence de Dieu que « si » (et particulièrement dans l'ordre des fins effectivement fixées en ce monde), nous voulons juger des causes premières de tout ce qui est contingent. Bien plus essentiel (*weit wichtiger*) est le besoin de la raison dans son usage pratique : il est inconditionné et en ceci nous ne sommes plus contraints de supposer l'existence de Dieu « si » nous voulons juger, mais parce que nous « devons » juger. En effet l'usage pur pratique de la raison consiste dans la prescription des lois morales. Or celles-ci conduisent toutes à l'idée du plus grand bien possible en ce monde : la moralité (*Sittlichkeit*), qui n'est possible que par la liberté. D'un autre côté, elles se rapportent aussi à ce qui ne dépend pas seulement de la liberté humaine, mais également de la nature : la plus haute félicité, qui doit être répartie en proportion de la moralité. La raison a donc besoin d'admettre un tel souverain bien dépendant (*abhangiges... Gut*) et comme sa garantie une Intelligence suprême en tant que souverain Bien non-dépendant. Elle ne l'admet nullement pour en dégager l'autorité par obligation propre (*das verflichtende Ansehen*) aux lois morales – car celles-ci n'auraient aucune valeur morale si leur mobile devait procéder de quelque chose d'autre que de la loi morale seule, qui est, en elle-même, apodictiquement certaine. Elle ne l'admet que pour donner au concept du souverain Bien une réalité objective, c'est-à-dire afin d'empêcher qu'avec la moralité tout entière il ne soit tenu pour un idéal pur et simple, si l'objet de cette idée qui est indissolublement liée à la moralité n'existe aucunement.

– II –

Ce n'est donc point par quelque connaissance de la raison, mais par le besoin qu'elle ressent[a] que Mendelssohn – sans le savoir consciemment –

a. La raison ne sent pas ; elle saisit son insuffisance et produit par la tendance à la connaissance (*Erkenntnistrieb*) le sentiment d'un besoin. Il en est dans ce cas tout de même que pour le sentiment moral qui n'est la cause d'aucune loi morale – car celle-ci prend

140 s'orientait dans la pensée spéculative. Mais ce moyen de se diriger | n'est point un principe objectif de la raison, un principe fondamental pour des actes d'intellection (*Einsicht*) ; ce n'est qu'un principe subjectif, c'est-à-dire une maxime pour le seul usage de la raison que ses limites lui permettent. Et c'est une conséquence de ce besoin qui forme le tout de la raison déterminante de notre jugement sur l'existence de l'être suprême. Mais on ne fait de ce besoin qu'un usage contingent pour s'orienter dans les recherches spéculatives portant sur cet objet. Aussi Mendelssohn se trompa-t-il complètement en accordant tout de même à cette spéculation un pouvoir assez grand pour décider de toute chose par voie de démonstration. Car la nécessité de ce premier moyen ne pouvait être admise, que si l'on avait pleinement reconnu l'insuffisance de cette dernière. Aveu auquel l'aurait finalement conduit sa pénétration, s'il avait vécu plus longtemps et s'il avait eu en partage cette souplesse d'esprit propre surtout aux jeunes gens et permettant de modifier une ancienne manière de penser d'après les changements survenus dans l'état des sciences. Il lui restera toutefois ce mérite : en ceci, comme en tout, il refusa toujours de chercher la pierre de touche décisive pour la validité d'un jugement ailleurs qu'en la raison : qu'elle dût être guidée dans le choix de ses propositions ou par quelque connaissance intellectuelle (démonstration) – ou par ce besoin et les maximes de son intérêt propre. Il nommait la raison dans son usage suprême la commune raison humaine (*die gemeine Menschenvernunft*). À tout moment elle a d'abord devant les yeux son intérêt propre, tandis qu'il faut déjà être sorti de l'ornière naturelle pour oublier celui-ci et en toute objectivité spéculer à loisir parmi les concepts en vue d'étendre son savoir, que ce soit là une chose nécessaire ou non.

L'expression « sentence de la saine raison » demeure cependant encore équivoque dans la présente question. Elle peut être comprise soit, ainsi que Mendelssohn lui-même l'interprétait à tort, au sens de « jugement procédant d'une intellection rationnelle » (*aus Vernunfteinsicht*), soit, comme paraît l'entendre l'auteur des « Résultats », dans le sens de « jugement d'inspiration rationnelle » (*aus Vernunfteingebung*). Aussi semble-t-il nécessaire de donner une autre dénomination à cette source de l'acte de juger. Aucune ne lui est plus appropriée que celle de FOI RATIONNELLE
141 (*Vernunftglaube*). | En effet toute croyance, même la croyance historique, doit être rationnelle car la pierre de touche décisive de la vérité est toujours la raison. Seule, cependant, est rationnelle la croyance qui ne se fonde point

entièrement sa source dans la raison –, mais au contraire est causé ou produit par la loi morale, par conséquent par la raison, puisque la volonté en acte et libre a cependant besoin de motifs déterminés.

sur d'autres « data » que ceux qui sont comme tels compris dans la seule raison. Ainsi est « croyance » l'assentiment (*Fürwahrhalten*) subjectivement satisfaisant, mais objectivement lié à la conscience de son insuffisance : la croyance est par conséquent opposée au savoir. Si, d'autre part, l'on tient quelque chose pour vrai en fonction de raisons objectives, mais avec la conscience de leur insuffisance, il ne s'agit que d'opinion, bien qu'en se complétant graduellement de raisons de même nature, cette opinion puisse finalement devenir un savoir. Mais, par contre, si d'après leur nature même les raisons de l'assentiment n'ont pas de valeur objective, la croyance ne pourra jamais être convertie en un savoir par quelque usage de la raison. La croyance historique à la mort d'un grand homme, par exemple, peut devenir un savoir, si l'autorité locale nous en informe ainsi que des funérailles, du testament, etc. Il s'ensuit qu'un objet historique (*etwas historisch*) peut être tenu pour vrai simplement en fonction de témoignages, c'est-à-dire : peut être objet de croyance. Ainsi par exemple : il existe une ville « Rome » dans le monde et celui qui n'y est jamais allé peut dire « je sais » et non pas seulement « je crois » qu'il existe une « Rome »; ces deux choses sont en effet parfaitement compatibles. Au contraire, la pure croyance rationnelle ne peut jamais, par toutes les données de la raison et de l'expérience, être transformée en un savoir, puisqu'en celle-ci le principe de l'assentiment est purement subjectif[a]. C'est, en effet, le besoin nécessaire de la raison – et ce besoin durera aussi longtemps que nous autres hommes – de supposer tout simplement et non de démontrer l'existence d'un être suprême. Par rapport à l'usage théorique qui lui donne satisfaction, le besoin de la raison pourrait être dit une « hypothèse rationnelle ». Entendons : une opinion qui, procédant de principes subjectifs, serait suffisante pour entraîner l'assentiment (*zu Fürwahrhalten*) parce qu'espérer en d'autres principes, pour expliquer certains effets, serait impossible, et que la raison n'en a pas moins besoin d'un principe d'explication. On pourrait par contre appeler « postulat de la raison » la croyance rationnelle qui, au point de vue pratique, s'appuie sur le besoin, dans la vie morale, de l'usage de la raison. Non certes, comme s'il s'agissait d'un acte d'intellection qui donnerait satisfaction à toutes les exigences logiques de la certitude, mais parce que cet assentiment ne le

a. La conscience de son immutabilité appartient nécessairement à l'assurance de la croyance. Ainsi, je peux être pleinement certain que personne ne pourra contredire mon affirmation : « Dieu existe ». Car d'où le saurait-il donc ? C'est pourquoi il n'en est pas de même pour la croyance rationnelle et pour la croyance historique, à propos de laquelle il est toujours possible que l'on découvre la preuve du contraire et où l'on doit toujours aussi se réserver de pouvoir changer d'opinion, au cas où notre connaissance des faits viendrait à s'étendre.

cède en dignité à aucun savoir – même s'il s'en distingue pleinement selon sa nature. Car il est vrai que c'est par la seule morale qu'en l'homme
142 s'estime justement toute chose.|

Une pure croyance de la raison est ainsi le guide ou le compas grâce auquel le penseur spéculatif peut s'orienter dans ses incursions rationnelles dans le champ des objets supra-sensibles, ce guide permet à l'homme d'une raison commune mais saine de se tracer une voie pleinement appropriée au but total de sa destination au point de vue théorique comme au point de vue pratique. C'est aussi cette croyance rationnelle qui doit être prise comme principe de toute autre croyance et même de toute révélation.

Le concept de Dieu, la conviction de son existence elle-même, ne peuvent se trouver que dans la seule raison, n'avoir leur source qu'en elle seule, et ne peut nous venir ni d'une inspiration ni d'un enseignement extérieur, pour grande qu'en soit l'autorité. (Supposons) que je reçoive une intuition immédiate d'un genre tel que la nature, pour autant que je la connaisse, ne saurait du tout en livrer; il faut cependant qu'un concept de Dieu me serve de règle pour m'assurer que ce phénomène correspond bien à tout ce que suppose le caractère spécifique d'une divinité. Bien qu'il ne me soit pas donné de comprendre comment il serait possible à un phénomène quelconque de me représenter, d'une façon quelconque, ce qui ne se laisse que penser et ne tombe jamais sous l'intuition, il reste tout au moins encore bien clair, que je dois soumettre ce phénomène à mon concept rationnel de Dieu et examiner en conséquence, non point s'il lui est adéquat, mais tout simplement s'il ne lui est pas contraire, pour être ensuite capable de juger si Dieu est bien cette chose, qui m'apparaît ou qui agit sur ma sensibilité (*Gefühl*) de façon interne ou externe. Aussi bien : même s'il ne se trouvait rien qui contredise à ce concept en tout ce qui a trait à la façon dont cette chose se découvre à moi, cependant cette apparition (*Erscheinung*), cette intuition, cette révélation immédiate, de quelque façon qu'on veuille désigner encore autrement une telle représentation, ne
143 saurait jamais prouver l'existence d'un être | dont le concept suppose, pour le distinguer de toute autre créature, l'infinité en grandeur. Or, on ne peut jamais prouver indubitablement l'existence d'un être, quand il n'existe aucune expérience, ni aucune intuition qui soient adéquates à son concept. Personne ne peut donc être tout d'abord (*zuerst*) convaincu de l'existence de l'être suprême par quelque intuition, vision, ou révélation; la croyance rationnelle doit (les) précéder. Ce n'est qu'ensuite, en tout cas, que certains phénomènes ou certaines relations pourraient donner lieu de rechercher si nous sommes bien en droit de tenir pour une divinité ce qui se présente à nous ou ce qui nous parle, afin de confirmer, le cas échéant, cette croyance.

Ainsi donc, lorsque l'on conteste à la raison son droit à parler la première en ce qui concerne les objets supra-sensibles, par exemple, l'existence de Dieu et la vie future (*die künftige Welt*) on ouvre toute grande la porte à l'enthousiasme, à la superstition, à l'athéisme même. Tout semble, dans cette polémique de Mendelssohn, avoir été préparé pour renverser, peut-être seulement l'intellection rationnelle et le savoir – par le moyen d'une prétendue puissance dans la spéculation – ou même, ce que je ne puis décider véritablement, la croyance rationnelle, et pour instaurer au contraire une autre croyance, que chacun peut établir selon son bon plaisir. Il faudrait presque en venir à cette dernière façon de considérer les choses[a], lorsqu'on voit mettre en avant l'idée de Dieu, selon Spinoza comme étant la seule qui s'accorde avec tous les principes de la raison et qu'ensuite cette idée est déclarée inadmissible. En effet, s'il est tout à fait compatible avec la croyance | rationnelle d'admettre que la raison spéculative n'est jamais **144**
capable de reconnaître (*einsehen*) la possibilité d'un être tel que nous devons penser Dieu, il ne peut être cependant (compatible) avec aucune croyance et plus généralement avec aucun(e forme d')assentiment (portant

a. On peut à peine concevoir comment ces savants, dont il est question, peuvent trouver dans la « *Critique de la raison pure* » un soutien pour le spinozisme. Par rapport à la connaissance des objets supra-sensibles, la Critique a définitivement rogné les ailes au dogmatisme ; or, le spinozisme est sur ce point tellement dogmatique qu'il va jusqu'à rivaliser avec le mathématicien dans la rigueur des preuves. La Critique prouve : que la table des concepts purs de l'entendement devrait contenir tous les éléments de la pure raison ; et le spinozisme parle de pensées (*Gedanke*) qui pensent elles-mêmes, et d'un accident qui n'existerait pas moins pour soi en même temps comme sujet ; c'est là un concept qui ne se trouve absolument pas dans l'entendement humain et qui ne peut pas plus y être introduit. La Critique montre qu'il ne suffit pas encore pour affirmer la possibilité d'un être, même s'il est objet de pensée, qu'il n'y ait rien de contradictoire dans son concept – bien qu'il soit permis d'en admettre la possibilité, sans doute, en cas de nécessité ; mais le spinozisme prétend reconnaître l'impossibilité d'un être dont l'Idée est constituée de purs concepts de l'entendement, dont on a seulement écarté toutes les conditions de nature sensible (*Bedingung der Sinnlichkeit*) et ne peut appuyer absolument sur rien cette exigence passant toutes les bornes*. C'est pourquoi le spinozisme mène tout droit à l'enthousiasme. Par contre, il n'y a qu'un seul moyen sûr d'extirper toute forme d'enthousiasme jusqu'à la racine : celui de déterminer les limites du pouvoir de la raison pure. – De même, un autre savant veut trouver un « scepticisme » dans la *Critique de la raison pure*, alors que la fin propre de celle-ci est d'assurer quelque certitude déterminée par rapport au champ de notre connaissance a priori. Pareillement, il découvre une dialectique dans les recherches critiques dont l'intention est justement de mettre un terme à l'inévitable dialectique en laquelle la raison s'embrouille et s'embarrasse aussi longtemps qu'elle est dogmatiquement conduite. Les Néo-Platoniciens se disaient éclectiques parce qu'ils savaient retrouver chez tous les auteurs anciens les fantaisies qu'ils avaient précisément commencé par y mettre : ils ne procédaient pas autrement. Il n'y a donc rien de nouveau sous le soleil.

* Kant écrit bien impossibilité, *unmöglischkeit*, voir le commentaire, chap. III, § 1, p. 36-38.

sur) l'existence d'un être, que la raison puisse vraiment saisir l'impossibilité d'un objet et en connaître tout de même la réalité par d'autres sources.

– III –

Hommes de grand talent, vous qui avez des vues si larges ! J'honore votre talent, et j'affectionne votre sentiment de l'humanité. Mais avez-vous bien songé à ce que vous faites, et où la raison se verra entraînée par vos disputes ? Sans doute, vous désirez que la liberté de penser soit maintenue intacte : sans elle, en effet, c'en serait bientôt fait des libres élans de votre génie lui-même. Voyons ce qui doit naturellement suivre de cette liberté de penser, si le genre de méthode dont vous avez commencé de (vous servir) se généralise.

145 À la liberté de penser s'oppose, | en premier lieu, la contrainte civile. On dit, il est vrai, que la liberté de parler ou d'écrire peut nous être ôtée par une puissance supérieure, mais non pas la liberté de penser. Mais penserions-nous beaucoup, et penserions-nous bien, si nous ne pensions pas pour ainsi dire en commun avec d'autres, qui nous font part de leurs pensées et auxquels nous communiquons les nôtres ? Aussi bien, l'on peut dire que cette puissance extérieure qui enlève aux hommes la liberté de communiquer publiquement leurs pensées, leur ôte également la liberté de penser – l'unique trésor qui nous reste encore en dépit de toutes les charges civiles et qui peut seul apporter un remède à tous les maux qui s'attachent à cette condition.

En second lieu, la liberté de penser est, prise au sens où elle s'oppose à la contrainte exercée sur la conscience (*Gewissenszwang*). C'est là ce qui se passe lorsqu'en matière de religion en dehors de toute contrainte externe, des citoyens se posent en tuteurs à l'égard d'autres citoyens et que, au lieu de donner des arguments, ils s'entendent, au moyen de formules de foi obligatoires et en inspirant la crainte poignante du danger d'une recherche personnelle, à bannir tout examen de la raison grâce à l'impression produite à temps sur les esprits.

En troisième lieu, la liberté de penser signifie que la raison ne se soumette à aucune autre loi que celle qu'elle se donne à elle-même. Et son contraire est la maxime d'un usage sans loi de la raison – afin, comme le génie en fait le rêve, de voir plus loin qu'en restant dans les limites de ses lois. Il s'ensuit comme naturelle conséquence que, si la raison ne veut point être soumise à la loi qu'elle se donne à elle-même, il faut qu'elle s'incline sous le joug des lois qu'un autre lui donne ; car sans la moindre loi, rien, pas même la plus grande absurdité (*Unsinn*) ne pourrait se maintenir bien longtemps (*sein Spiel lange treiben*). Ainsi l'inévitable conséquence de cette absence explicite de loi dans la pensée ou d'un affranchissement des restrictions imposées par la raison, c'est que la liberté de penser y trouve finalement sa perte. Et puisque ce n'est nullement la faute d'un malheur quelconque, mais d'un véritable orgueil, la liberté est perdue par étourderie (*verscherzt*) au sens propre de ce terme.

La marche des choses est approximativement la suivante. Le génie se complaît d'abord dans son audacieux élan, après avoir rejeté le fil par lequel la raison le conduisait autrefois. Bientôt il charme aussi les autres par des sentences impérieuses et de brillantes promesses ; il semble s'être enfin placé sur le trône qu'une raison lourde et pesante ornait si mal, sans toutefois cesser d'en tenir le langage. Nous autres, en hommes du commun, nous appelons « enthousiasme » (*Schwärmerei*) la maxime dès lors admise de l'invalidité (*Ungültigkeit*) d'une raison souverainement législatrice ; mais ces favoris de la bonne nature (la nomment) : « illumination » (*Erleuchtung*). Mais cependant, comme une confusion de langage doit bientôt naître parmi eux, puisque seules les prescriptions de la raison sont universellement valables et que chacun s'abandonne maintenant à sa propre inspiration, ces inspirations intérieures doivent finalement aboutir à des faits garantis par des témoignages extérieurs et par des traditions, qui au commencement étaient encore choisies mais qui avec le temps (sont devenues) des sources (*Urkund*) obligatoires. En un mot, il doit en sortir l'entier asservissement de la raison aux faits c'est-à-dire : la superstition, car celle-ci se laisse tout au moins réduire à une forme de légalité et de ce fait à un état d'équilibre.

Néanmoins comme la raison humaine ne cesse jamais de tendre vers la liberté, il sera nécessaire, si elle parvient à briser ses chaînes, que le premier usage qu'elle fera | d'une liberté longtemps restée sans exercice dégénère **146**
en abus, et qu'une confiance téméraire en l'indépendance de son pouvoir à l'égard de toute restriction engendre la persuasion de la souveraineté exclusive de la raison spéculative. La raison n'admettra rien que ce qui peut se justifier par des raisons objectives et une démonstration dogmatique, et rejettera témérairement tout le reste. La maxime de l'indépendance de la raison à l'égard de son propre besoin – renoncer à la croyance rationnelle – se nomme donc incrédulité. Non point, certes, une incrédulité historique qu'on ne peut absolument pas concevoir comme délibérée ni par conséquent comme imputable – étant donné que chacun, qu'il le veuille ou non, est forcé de croire à un fait suffisamment établi comme à une démonstration mathématique – mais une incrédulité rationnelle, état pénible de l'esprit humain qui ôte aux lois morales pour commencer toute

leur force comme mobile du cœur, et, avec le temps, toute autorité, et qui suscite la façon de penser qu'on appelle impiété, c'est-à-dire : le principe de ne plus admettre aucun devoir. C'est alors que l'autorité intervient pour empêcher que les affaires civiles ne tombent dans le plus grand désordre, et le meilleur moyen étant à ses yeux le plus prompt et le plus efficace, elle enlève la liberté de penser et soumet cette affaire comme toutes les autres aux règlements du pays. Ainsi la liberté de penser, quand elle va jusqu'à vouloir s'affranchir des lois mêmes de la raison finit par s'anéantir de ses propres mains.

Amis de l'humanité et de ce qui est le plus saint à ses yeux ! Qu'il s'agisse de faits, qu'il s'agisse de raisonnements (*Vernunftgründe*), admettez ce qui vous paraîtra le plus digne de foi après un examen attentif et loyal. Mais ne contestez point à la raison ce qui en fait le souverain Bien sur la terre : je veux dire le privilège d'être la pierre de touche décisive de la
147 vérité[a]. | Sinon, indignes de cette liberté, vous ne sauriez manquer de la perdre elle aussi, entraînant dans cette infortune tous vos semblables qui étaient innocents et volontiers prêts à user légalement de leur liberté et à lui donner pour fin de servir au bien de l'Humanité (*Weltbeste*).

Ce débat, tout un chacun peut le mener avec soi-même ; en un tel examen, il verra bientôt l'enthousiasme et la superstition perdre pied, même s'il est bien loin de posséder les connaissances pour les réfuter l'un et l'autre en vertu de raisons objectives. C'est en effet qu'il se sert simplement de la maxime de la conservation de la raison par elle-même (*Selbsterhaltung*). Instaurer l'*Aufklärung*, au moyen de l'éducation, en quelques sujets, est une chose aisée par conséquent ; il suffit d'habituer de bonne heure les jeunes esprits à une telle réflexion. Mais éclairer tout un siècle est très long et pénible (*lang-wierig*). Il se trouve, en effet, des obstacles extérieurs qui peuvent en partie interdire ce genre d'éducation ou le rendre plus difficile.

a. Penser par soi-même signifie : chercher la pierre de touche de la vérité en soi – c'est-à-dire en sa propre raison. Et la maxime de toujours penser par soi-même est l'*Aufklärung*. Cela suppose bien moins que ne se l'imaginent ceux qui veulent voir l'*Aufklärung* dans les connaissances acquises ; elle consiste plutôt en un principe négatif de l'usage de la faculté de connaître et il arrive souvent que celui qui est abondamment pourvu de connaissances soit le moins éclairé sur leur usage. Se servir de sa propre raison ne signifie rien de plus que poser cette question au sujet de tout ce que l'on doit admettre : est-il possible de prendre pour un principe universel de l'usage de la raison celui en vertu duquel on admet quelque chose ou bien encore la règle qui dérive de ce que l'on admet.

NOTES DE L'INTRODUCTION

CHAPITRE PREMIER

1. Cf. *Berlinische Monatsschrift,* octobre 1786, p. 304-330; Akademie Ausgabe (désormais citée *AK.*) t. VIII, p. 133-147.

2. W. Dilthey : *Leben Schleiermacher's*, t. I, p. 186 (2e éd). Cf. aussi K. Fischer : *Spinoza*, p. 274, (6e éd).

3. *AK.* t. XI, p. 76-77, lettre du 30/8/1789. La correspondance de Kant est comprise dans les tomes X, XI, XII, XIII de l'édition de l'Académie.

4. E. Troeltsch : *Das Historische in Kants Religions philosophie*. Kant Studien Bd. XI, p. 36.

5. *AK.* t. VIII, p. 134.

6. Ce terme d'« accusation » n'a de sens évidemment que si l'on songe à « l'horreur » (K. Fischer) encore suscitée par le spinozisme au XVIIIe siècle.

7. *AK.* t. X, p. 413-414.

8. Jacobi : *Werke* (édition Roth, 1815, etc.), 11 (2) p. 6.

9. *Ibid.*, t. IV (1), p. XLIV.

10. *Ibid.*, t. IV (1), p. 210; Fichte reprendra cette formule dans la « Bestimmung des Menschen », *Werke* (édition I. Fichte), t. II, p. 205.

11. R. Kröner a justement apprécié le dualisme entre la vie et la réflexion, la non-philosophie et la philosophie qu'instaurait ainsi Jacobi : « Il invitait, dit-il, le regard à se porter sur le problème de la Logique de la philosophie, de la réflexion sur la réflexion. » – *Von Kant bis Hegel*, t. I, p. 314.

12. Jacobi : A*userlesener Brielwechse*l, t. 1, p. 372.

13. *Werke*, t. IV (1), p. 216.

14. *Ibid.*, t. II, p. 115; comme on le verra cette affirmation vise les interprétations mendelssohniennes du spinozisme qui tendent à ramener celui-ci à la pensée de Leibniz. (Cf. *Moses Mendelssohn's Schriften zur Philosophie, Aesthetik und Apologetik,* herausgegeben von Dr. Moritz Brasch, Leipzig, 1880, Bd. 1, p. 11 et 15. Nous citerons désormais : *Philosophische Schriften*). D'ailleurs Jacobi devait préciser : « Je ne fais pas la guerre au naturalisme conçu à la façon de Spinoza, au naturalisme franc et sans voiles. C'est contre le

naturalisme qui prétend pouvoir parler de réalités surnaturelles et d'un Dieu infiniment bon et miséricordieux comme le Dieu des chrétiens que je lutte ». *Werke*, t. II (210), p. 6.

15. Cf. *Philosophische Schriften*, Bd. I. (On peut aussi parfois se reporter à H. Scholz : *Die Hauptschriften zum Pantheismusstreit. Neudrücke selt. ph. Werke der Kant Gesellschaft*, Bd. VI, Berlin, 1916).

16. *Ibid.*, t. I, p. 11 et 17. Le point de vue de Mendelssohn est extrêmement complexe ; la seule bonne mise au point est le travail de H. Schmoldt : *Der Spinozastreit* (Berlin, 1938). Schmoldt a lumineusement montré que Mendelssohn à l'origine était bien plus favorable à Spinoza qu'on ne pourrait le penser en lisant simplement ses derniers ouvrages. Le projet initial de Mendelssohn était de montrer que Spinoza se ramenait à Leibniz : il espérait ainsi établir philosophiquement la possibilité et la réalité d'une unité de la pensée juive et de la pensée européenne. Mendelssohn estimait ce faisant contribuer à la réalisation future d'une communauté politique juive et européenne. On consultera spécialement : *Philosophische Schriften*, t. I, p. 15. Parlant de la philosophie de Spinoza, Mendelssohn écrit : « Ce fut un sacrifice pour l'esprit humain, un sacrifice qui devrait être couronné de fleurs. Sans lui la philosophie n'aurait jamais pu reculer aussi loin ses limites ». Devant les attaques de plus en plus violentes que lui portèrent Lavater, Jacobi, etc., Mendelssohn modifia cette position jusqu'à la rendre méconnaissable. Sa « politique » – pour reprendre l'expression de Lavater – consista à souligner toujours plus ce qui séparait Spinoza de Leibniz. De là des interprétations comme celles de M. Guéroult (*Évolution et Structure de la Doctrine de la Science chez Fichte*, t. I, p. 26) ou Hielscher (*Das Denksystem Fichtes*, p. 155 *sqq.*) qui vont presque jusqu'à faire de Mendelssohn un adversaire décidé de Spinoza. C'est oublier – et les écrits de Mendelssohn par leur caractère de plus en plus équivoque en sont responsables – que l'auteur des « Morgenstunden » devait être le « second Spinoza » selon l'expression de Lessing (Lettre à J.D. Michaelis du 16 octobre 1754).

17. *Kritk der praktischen Vernunft*, A, p. 182 ou tr. Picavet, p. 108, Fichte : *Grundlage der gesamten Wissenschaftslehre*, *Werke*, t. I, p. 101 ; Fichte indique en ce texte que Maïmon a également démontré cette identité de la philosophie de Spinoza et de la philosophie de Leibniz.

18. *Philosophische Schriften*, Bd, 1, p. 481 (ou Jacobi, *Werke*, t. IV (1), p. 109).

19. *AK.* t. VIII, p. 134.

20. *Kritik der praktischen Vernunft*, A, p. 260, tr. Picavet, p. 153.

21. *AK.* t. X, p. 455. – Wizenmann (1759-1787) était un polémiste de grande valeur. La réponse qu'il devait donner à « Qu'est-ce que s'orienter dans la pensée ? » et en laquelle il dévoile son identité, « mérite, écrit Glidemeister, l'admiration générale qu'elle trouva auprès de Kant et d'un grand nombre d'hommes éminents. » (*Hamann's Schriften*, éd. Glidemeister, Bd. V, p. XXXV.) Wizenmann était un ami de Jacobi ; il séjourna cinq ans chez celui-ci. Sur l'exemplaire des « Résultats » qu'il lui offrit, il écrivit : « A mon bienfaiteur et ami ».

22. *Kritik der praktischen Vernunft*, *ibid.*

23. Réponse à « Qu'est-ce que s'orienter dans la pensée ? » publiée en février 1787 dans le « Deutsches Museum », p. 119-120. Wizenmann avait eu de plus l'habileté de donner une forme kantienne à son ouvrage en le présentant de manière antinomique. Il empruntait également des notions essentielles à Kant (par exemple : le concept ; cf. « Résultats », p. 20). Il citait Kant plusieurs fois (p. 30, 83, 172) et le nommait : « le philosophe allemand ». C'était dresser adroitement Kant contre l'*Aufklärung*. B. Erdmann (*Kants Kritizismus*, p. 126) souligne lui aussi l'origine kantienne des notions utilisées par Wizenmann.

24. *Résultats*, p. 252.

25. *AK.* t. VIII, p. 134.

26. Cf. *AK.* t. X, p. 418, 431-432, 442... etc.

27. *Kritik der reinen Vernunft*, p. 747-A.

28. *AK.* t. X, p. 413-414.

29. *Op. cit.*, p. 84 *sqq.*

30. *Philosophische Schriften*, Bd. I, p. 300-301.

31. Mendelssohn déclarait en fait qu'il était temps de reconstruire tout ce qui avait été détruit et non sans ironie, il confiait à Kant cette tâche, car, écrivait-il, il espérait que celui-ci « saurait reconstruire avec le même courage que celui avec lequel il avait détruit ».

32. Mendelssohn dans sa préface avait prétendu ne pas avoir lu Kant. Or, écrit Schütz dans l'*Allgemeine Litteratur Zeitung* d'Iéna, « on croit découvrir à certains indices que Mendelssohn devait avoir sous les yeux l'œuvre susdite de M. Kant ». Selon Erdmann (*op. cit.*, p. 118) la chose est évidente pour les chapitres I et II des « Morgenstunden ».

33. *Gotaische gelehrte Zeitungen* du 25 janvier 1786.

34. Voir la lettre de Kant à L.H. Jakob du 26-5-1786, *AK.* t. X, p. 451. Parlant d'une réfutation de Mendelssohn, Kant écrit : « Je n'en ai pas le temps ; mais si vous voulez bien prendre la peine de montrer la vanité de ce travail pour élargir ainsi les limites de la raison pure, vous aurez le mérite de diriger la réflexion des bons esprits dans une direction où ils pourront espérer de meilleurs résultats ».

35. *AK.* t. X, p. 428-29 ; comparer avec *AK.* t. VIII, p. 137-138 (note). Schütz publia la lettre de Kant le 9 janvier 1786 dans l'*Allgemeine Litteratur Zeitung* d'Iéna. À ce sujet cf. *AK.* t. X, p. 431 et Erdmann, *op. cit.*, p. 145-146.

36. *Kritik der reinen Vernunft*, p. 743-A.

37. Dès le 8 novembre 1785 Biester demande à Kant de dire « un mot » sur la « Schwàrmerei », c'est-à-dire contre Jacobi.

38. Voir la lettre exemplairement maladroite que Biester adresse à Kant le 6 mars 1786.

39. *Briefwechsel mit Goethe*, p. 99.

40. *Op. cit.*, p. 119. Il n'est pas sans intérêt de lire la page en laquelle Jacobi décrit la profonde impression que lui causa la lecture du premier ouvrage de Kant qui lui vint entre les mains. *Werke*, t. II (1), p. 191. À la même époque (*Ibid.*, t. II, p. 189) Jacobi découvrit Spinoza dans l'édition de J. Lorentz Schmidt de 1744 : jointe à la réfutation du spinozisme de Wolff (3e éd.).

41. On consultera la correspondance de Hamann (*Hamann's Schriften*, Glidemeister, Bd, V) à ce sujet : p. 121, 128, 157, 152, 140.

42. *Werke*, t. IV (2), p. 259.

43. *Ibid.*, p. 255.

44. *Kritik der reinen Vernunft*, p. 828-A.

45. Consulter également : W*erke*, t. II (1), p. 80.

46. *Kritik der reinen Vernunft*, p. 330-331-A. Jacobi : W*erke*, t. IV (2), p. 255.

47. Il y a là une thèse que la *Critique de la raison pure* de 1787 critiquera seule et à laquelle aucune allusion n'est faite dans « Qu'est-ce que s'orienter dans la pensée ? ». Selon Jacobi seule la foi, la croyance, nous conduit à poser un monde. (Cf. *Werke*, t. IV (1), p. 72 et Hegel, *Werke* (Lasson), t. I, p. 283). Il soutient donc, au sens kantien, un certain idéalisme. La réfutation de l'idéalisme ajoutée dans la *Critique de la raison pure* de 1787 le concerne bien

comme le pense Erdmann et comme en témoigne le passage de l'introduction : « ... c'est toujours le scandale de la philosophie... que l'existence de choses extérieures... ne doive être admise qu'à titre de croyance... » (*Kritik der reinen Vernunft*, p. XL-B).

48. *Werke*, t. IV (2), p. 255.

49. Xavier Léon, *Fichte et son temps*, t. I, p. 212.

50. Biester écrit en effet : « J'aurais dû vous entretenir d'un sujet, *que vous traitez dans votre lettre*, et dont je puis maintenant parler avec précision étant donné ce que vous en dites ». *AK*. t. X, p. 453.

51. *Ibid.*, p. 456.

52. Hamann écrit : « Kant n'est nullement d'accord avec les Berlinois et bien au contraire a toutes les raisons d'être mécontent d'eux ». (*Weber, Neue Hamiana,* p. 135, – Lettre du 25 octobre 1786).

53. Kant écrit à Jacobi (*AK*. t. XI, p. 76) : « J'ai toujours estimé de mon devoir de traiter avec respect les hommes de talent savants et loyaux, quand bien même je ne partageais pas leur opinion ». Il ajoute qu'il a appris avec « chagrin » les attaques lancées contre Jacobi et qu'il a fait « des remontrances à ce sujet ». Notons d'ailleurs que Hamann pouvait écrire à Jacobi vers la fin de juin 1786 : « Kant écrit quelque chose sur l'orientation de Mendelssohn, mais il est ton ami, ainsi que celui de l'auteur des « Résultats ». (*Hamann's Schriften, Glidemeister*, Bd. V, p. 367 ; voir aussi, p. 340).

54. *AK.*, t. X, p. 455.

55. *Ibid.*, p. 456.

56. *AK.*, t. X, p. 372.

57. Cf. tome XI de l'édition Cassirer des *œuvres de Kant*, p. 392.

58. *A K.*, t. XI, p. 76.

59. *AK.*, t. VIII, p. 143.

60. Jacobi, *Werke*, t. IV (1), p. 176 (note), ou Scholz (*op. cit.*, p. 146).

61. *Allgemeine Litteratur Zeitung*, Iena, 1786, nr. 36, p. 292.

62. Vaihinger : *Commentar.,* t. II, p. 220. Vaihinger renvoie à la *Kritik der reinen Vernunft* (p. 578 et 619-A) et à la *Kritik der Urteilskraft*, p. 352-A, § 77.

63. *AK.*, t. X, p. 430.

64. M. Anstett dans sa traduction des « Lettres sur la doctrine de Spinoza » (Jacobi : « *Œuvres philosophiques* » – Aubier) n'a donné que le texte de la seconde édition. De là l'obligation de souligner qu'il s'agit d'une rectification. Wizenmann se défendra également d'avoir accusé Kant cf. *Deutsches Museum,* février 1787, p. 124 en note.

65. *Fondement de la Morale*, p. 349 (Garnier).

66. *Allgemeine Deutsche Bibliothek*, Bd, 66, p. 92 *sqq.*

67. Vörlander partage cette opinion ; consulter l'introduction à son édition de la *Kritik der praktischen Vernunft* (Meiner), p. XVIII.
Voir aussi : Vaihinger, *op. cit.*, t. I, p. 143.

68. *AK.*, t. X, p. 485. D. Jenisch à Kant, lettre du 14 mai 1787.

69. *Fondement de la Morale, ibid.*

70. *Allegemeine Deutsche Bibliothek*, Bd. 66, p. 98.

71. *AK.*, t. X, p. 462, lettre du 8 août 1786.

CHAPITRE II

1. *Kritik der reinen Vernunft*, p. 743-A.

2. *AK.*, t. VIII, p. 145.

3. *Kritik der reinen Vernunft*, p. 747-A.

4. *Ibid.*, p. 751-A.

5. *AK.*, t. VIII, p. 145.

6. Lessing, *Ausgewählte Werke* (Schmidt), Bd. III, p. 255.

7. *AK.*, t. VIII, p. 146.

8. *Ibid.*, p. 145.

9. *Ibid.*, p. 143.

10. *Ibid.*, p. 134.

11. Voir plus haut, chapitre I, § 1.

12. *AK.*, t. VIII, p. 145.

13. *Ibid.*

14. *Ibid.*

15. *Ibid.*, p. 146.

16. *Ibid.*

17. *Ibid.*

CHAPITRE III

1. *AK.*, t. VIII, p. 143.

2. Voir le chapitre suivant.

3. Ce texte est le premier où Kant parle de Spinoza. On sait, en effet, – comme le fait remarquer Vörlander dans son « Kant », t. I, p. 331 – que Kant n'a pas cité une seule fois Spinoza dans la *Critique de la raison pure.* Doit-on penser que Kant ignorait Spinoza et qu'il n'est point de passage de la *Critique de la raison pure* qu'on puisse considérer comme renvoyant tacitement et par allusion à Spinoza ?

Notons tout d'abord que pour Kant la question spinoziste demeure la « spinosa quaestio » et que comme beaucoup d'auteurs du XVIIIe siècle il préfère n'en point parler. Lorsqu'il doit parler du panthéisme, Kant cite plus volontiers, les « anciens » que Spinoza (on consultera successivement : *AK.*, t. XVIII, p. 461 où Kant parle des « anciens et de Spinoza » – ce texte est une simple note personnelle –, puis la *Critique du Jugement*, § 72-85, les *Pensées successives sur la Théodicée et la Religion,* Vrin, 1972, p. 102-103 et la *Critique de la raison pure,* p. 618-A).

Kant, il est vrai, a prétendu ne rien comprendre à Spinoza. Hamann pouvait en effet écrire le 28 octobre 1785 à Jacobi : « Kant a dit l'autre jour à Kraus qu'il se trouvait dans le même cas que Mendelssohn : il ne comprend pas plus l'exposé du spinozisme par Jacobi, que le texte de Spinoza lui-même. » (Glidemeister. Bd, V). Ce texte doit être considéré attentivement. Il nous indique en effet tout d'abord que Kant a lu Spinoza et qu'il est par conséquent impossible de parler ici d'ignorance. Ensuite ce texte nous montre que la seule question possible est la suivante : dans quelle mesure Kant a-t-il saisi la portée et la signification du spinozisme ? – Nous nous refusons à croire que Kant n'ait rien compris au spinozisme et qu'il n'en ait pas saisi l'importance : il y a « comprendre » et « comprendre » ; et nous croyons également que Jacobi ne s'est pas trompé lorsque le 17 novembre 1785 il répondit à Hamann : « ...comment pouvez-vous donc imaginer qu'il en aille de même pour l'auteur de la *Critique de la raison pure* et pour Mendelssohn et qu'il ne puisse pas plus comprendre mon interprétation que le texte de Spinoza? *J'ai de nouveau repris la Critique*... et je ne puis faire autrement que penser qu'il se trouve quelque supercherie en cette déclaration». (Glidemeister, Bd. V, p. 140). Et en effet, si l'on consulte avec soin la *Critique de la raison pure, il* est possible d'y retrouver – dans la Dialectique transcendantale – bien des passages concernant le spinozisme et témoignant d'une compréhension authentique des postulats théoriques de ce système. (On pourra d'ailleurs sur ce point se reporter au très intéressant article de Heman: «Kant und Spinoza», *Kant studien*, Bd. V, p. 276 *sqq.*).

Notre conclusion sera donc la suivante: Kant a lu et «compris» Spinoza; il est par conséquent possible de se demander si parfois l'un de ses textes n'est pas dirigé contre Spinoza. Toutefois la plus grande prudence sera de règle en ceci: en effet si Kant a connu Spinoza, il ne l'a jamais étudié comme Jacobi ou Lessing et son propre système l'a toujours plus occupé que celui des autres. Comme l'écrivait Hamann: «Kant m'a avoué n'avoir jamais étudié Spinoza à *fond* et occupé par son propre système, il n'a ni le temps ni le loisir de chercher à pénétrer d'autres pensées». (Glidemeister, Bd. V, p. 152).

4. *AK.*, t. VIII, p. 143.

5. *Kritik der reinen Vernunft*, p. 726-A.

6. *Kritik der praktischen Vernunft*, p. 182-A.

7. *AK.*, t. VIII, p. 143.

8. *Prufung der « Morgenstunden »*, p. 191 (1786).

9. *Ibid.*

10. *Pensées successives sur la Théodicée et sur la Religion*, Vrin, 1972, p. 102.

11. *AK.*, t. VIII, p. 143.

12. *AK.*, t. XVIII, p. 567 (n° 6300); voir aussi p. 438, 628, 631.

13. *Pensées successives sur la Théodicée et sur la Religion*, Vrin, 1972, p. 103-104.

14. *Kritik der reinen Vernunft*, p. 578-A.

15. *AK.*, t. VIII, p. 137.

16. *Kritik der reinen Vernunft, ibid.* Voir aussi p. 619-A et le commentaire Vaihinger, t. II, p. 220.

17. *Ibid.*, p. 579-A.

18. *Ibid.*, p. 561-A.

19. *Ibid.*, p. 579-A.

20. *Ibid.* – La relation du spinozisme et de l'enthousiasme sera exposée au chapitre V, § 1.

21. *AK.*, t. X, p. 442.

22. *AK.*, t. VIII, p. 145.

23. Selon l'excellente expression de Kuno Fischer, *Spinoza*, 6ᵉ éd., p. 561.

24. *AK.*, t. XI, p. 101.

25. Il ne faut pas minimiser ce fait comme Kuno Fischer, *Kant*, t. II, p. 269 *sqq.*

26. *AK.*, t. VIII, p. 143.

27. *AK.*, t. VIII, p. 134.

28. *Ibid.*, p. 144.

29. *Kritik der reinen Vernunft*, p. 740-A.

30. *Werke*, t. V (1), p. 70.

31. *Vermischte Schriften* (Insel), p. 402.

32. *Werke*, t. IV (1), p. 59.

33. *Ibid.*, p. 74.

34. *AK.*, t. VIII, p. 138 : « Mendelssohn dachte wohl nicht daran dass, … nur (eine) Kritik eben desselben Vernunftvermögens diesen Ubel abhelfen könne… ».

35. Sur ce terme chez Kant, cf. *Vermischte Schriften* (Insel), p. 81.

36. *Werke* (Lasson). t. I, p. 308.

37. Frédéric Schlegel reprochait à Jacobi de n'avoir aucune idée de l'humanité, mais seulement celle de la « Friedrich Heinrich Jacobiheit ». Cf. *Prosaische Jugend-Schriften*, t. II, p. 83 (Vienne, 1906).

38. *Œuvres philosophiques* de Jacobi (tr. Anstett), p. 385.

39. *AK.*, t. VIII, p. 145 ; Jacobi : *Werke*, t. IV (1), p. 216-216.

40. *Ibid.*

41. *Werke*, t. IV (1), p. 246.

42. *Ibid.*, p. 249.

43. *AK.*, t. VIII, p. 142.

44. *Ibid.*

45. *AK.*, t. VIII, p. 145.

46. *Ibid.*, p. 138.

47. *Werke*, t. V, p. 407.

48. F. Alquié : *La découverte métaphysique de l'homme chez Descartes*, p. 226 et p. 229 : « Descartes déclarant que cette idée (de Dieu/A.P.) est la plus claire de toutes… et Kant ruinant cette preuve en affirmant que l'être est en dehors de la pensée… sont en ceci plus d'accord qu'ils ne semblent l'être. ». Voir aussi, p. 331.

49. Descartes, *Réponses aux Premières Objections.* (Bridoux, 2e éd.), p. 353.

50. Voir le chapitre I, § 3.

51. *Werke,* t. IV (1), p. 72.

52. *AK.*, t. VIII, p. 139.

53. *Ibid.*, p. 137.

54. *Ibid.*, p. 136.

55. *AK.*, t. XVIII, p. 37.

56. Reininger : *Kant, seine Anhänger und seine Gegner*, p. 276.

57. *Werke*, t. IV (1), p. 248.

58. *AK.*, t. VIII, p. 144.

59. Jacobi dérivera « Vernunft » de « vernehmen » dans sa lettre à Fichte. Voir à ce sujet : Schopenhauer : *Le monde comme Volonté et Représentation* (tr. Burdeau, 7e éd.), t. I, p. 40 et *Quadruple racine du principe de raison suffisante*, (Vrin), p. 117. Voir aussi Lévy-Bruhl, La *philosophie de Jacobi*, p. 51 *sqq.*

60. *AK.*, t. VIII, p. 142.

61. *Ibid.*, p. 143.

62. *Vermischte Schriften* (Insel), p. 608.

63. *Werke*, t. IV (1), p. 250.

64. *Vermischte Schriften* (Insel), p. 614.

65. *AK.*, t. VIII, p. 143.

66. *Vermischte Schriften* (Insel), p. 596-597.

67. *Nouveaux Essais*, L. IV, chap. XIX, § 16.

68. *AK.*, t. VIII, p. 145.

69. *Kritik der reinen Vernunft*, p. 316-A.

70. *AK.*, t. VIII, p. 145.

71. *Ibid.*, p. 143-144.

72. Voir les intéressantes remarques de L. Goldmann dans « La Communauté humaine et l'Univers chez Kant », p. 164.

73. *Vermischte Schriften* (Insel), p. 338.

74. *AK.*, t. XI, p. 76-77 ; comparer avec *AK.*, t. VIII, p. 141-142.

CHAPITRE IV

1. *AK.*, t. VIII, p. 145.

2. *Kritik der reinen Vernunft*, p. 707-A.

3. *Deutsches Museum*, février 1787, p. 120.

4. *Résultats*, p. 252 *sqq.* et *Deutsches Museum, ibid.*, p. 119-120.

5. *Kritik der reinen Vernunft*, p. 235-A.

6. *Résultats*, p. 254.

7. Spinoza : *Œuvres complètes* (éd. de la Pléiade), p. 1339 (Lettre LXXIII).

8. *AK.*, t. VIII, p. 142.

9. *La Religion dans les limites de la simple Raison* (Vrin, 2000), p. 205 *sq.* ; on trouvera de bons commentaires à la fin de l'ouvrage d'H. Cohen, *Kant's Begründung der Ethik*.

10. *AK.*, t. VIII, p. 143.

11. Alquié, *op. cit.*, p. 242.

12. *Vermischte Schriften* (Insel), p. 617.

13. *AK.*, t. VIII, p. 141.

14. *Ibid.*, note.

15. *Ibid.*, p. 146. L'explication proposée par Arnoldt (*Kritische Excurse*, p. 222) de cette phrase assez étonnante ne paraît pas très satisfaisante.

16. Lessing, *Werke* (M.T.), t. X, p. 39.

17. *AK.*, t. VIII, p. 142.

18. Cité par Arnoldt, p. 222 ; on trouvera un texte analogue dans *l'Anthropologie* (*cf. Vermischte Schriften* (Insel), p. 405).

19. *Vermischte Schriften* (Insel), p. 596-597.

20. *AK.*, t. VIII, p. 142.

21. Kuno Fischer : *Kant*, t. II, p. 273.

22. L'*histoire* n'acquiert ainsi sa vérité que par et dans la *culture*, c'est-à-dire l'« in-Gemeinschaft-mit-anderen-denken ». On doit citer les pages très profondes d'E. Lask sur ces deux notions chez Kant : Fichtes Idealismus und die Geschichte *(Gesammelte Schriften*, Bd. 1, p. 10 *sqq.*). Voir aussi E. Troeltsch, *loc. cit.*, p. 105 (note 2).

23. *AK.*, t. VIII, p. 144.

24. *Ibid.*, p. 146.

25. *Was ist Aufklärung ? Vermischte Schriften* (Insel), p. 165.

26. *AK.*, t. VIII, p. 145.

27. *Vermischte Schriften* (Insel), p. 394.

28. *AK.*, t. VIII, p. 146.

29. *Vermischte Schriften* (Insel), p. 166.

30. *Werke*, Bd. V, p. 121 (Kritik aller Oilenbarung).

31. *Vermischte Schriften* (Insel), p. 212 (Theorie und Praxis, sect. II).

32. *AK.*, t. VIII, p. 145.

33. *AK.*, t. XI, p. 76. – Comparer à *AK.*, t. X, p. 177 (lettre à Lavater) « Il se peut qu'au temps (du Christ /A.P) des miracles et des mystères révélés aient été nécessaires… pour répandre… une religion aussi pure. Alors des arguments χατ᾽ ἄνθρωπον étaient nécessaires en grand nombre. Mais puisque la doctrine d'une bonne conduite dans la vie et de la pureté de l'intention en la croyance… est répandue dans le monde comme l'unique religion… l'échafaudage peut tomber, le bâtiment étant achevé ».

CHAPITRE V

1. *AK.*, t. VIII, p. 145.

2. *AK.*, t. X, p. 70 (A Mendelssohn).

3. *AK.*, t. X, p. 346 (A Mendelssohn).

4. *République*, livre VIII, 562 d.

5. *AK.*, t. VIII, p. 146.

6. *Kritik der reinen Vernunft*, p. 820-A.

7. *AK.*, t. VIII, p. 140.

8. *Pensées successives sur la Théodicée et sur la Religion*, Vrin, 1972, p. 71.

9. *Kritik der reinen Vernunft*, p. 831-A.

10. *AK.*, t. VIII, p. 140.

11. *Ibid.*

12. *Ibid.*

13. *Prolégomènes*, trad. Guillermit, Vrin, 1996, p. 152.

14. *Ibid.*, p. 164.

15. *AK.*, t. VIII, p. 138.

16. Heinze, V.S.M., p. 706.

17. *AK.*, t. VIII, p. 138.

18. *Recherche de la Vérité*, Livre III, chap. VI-VII, notamment chap. VI, (Vrin, O.C., t. 1), p. 437 *sq*. *Entretiens sur la Métaphysique* (Vrin, O.C., t. 12), entretien VIII, p. 188.

19. *Entretiens sur la Métaphysique*, (Vrin, O.C., t. 12), entretien V, p. 114 et dans l'édition Lewis de la *Recherche de la Vérité*, Livre III, chap. VII, (Vrin, O.C., t. 1), p. 451 *sq*.

20. *Éthique*, 1, proposition XV. La thèse fichtéenne selon laquelle il n'y a que deux positions cohérentes, le spinozisme qui dépasse les limites de la raison et le criticisme qui les respecte, s'annonce dans cette dialectique. Cf. Fichte : *Werke*, Bd. I, p. 101. L'opposition radicale du spinozisme et du criticisme est présentée d'une façon tout à fait différente et peut-être moins générale dans la *Critique de la Raison pratique* (cf. p. 183-A.).

21. *AK.*, t. XVIII, p. 435.

22. *AK.*, t. XVIII, p. 438 (n° 6051). Comparer ce texte avec une page de Schopenhauer, *Skisse einer geschichte der Lehre des Realen und Idealen*. S.W. (J. Frauensdtadt). Bd. V, p. 5.

23. « Lorsqu'on lit le dernier écrit de Mendelssohn, écrit Kant, ... et qu'on y voit la confiance nullement amoindrie de ce philosophe expérimenté dans la méthode démonstrative pour prouver la plus importante de toutes les propositions de la raison pure, on est tenté de prendre les étroites limites qu'une critique scrupuleuse pose à ce pouvoir de connaissance comme le fruit d'hésitations sans fondement... » *AK.*, t. VIII, p. 151.

24. *Ibid.*, p. 151.

25. *Philosophische Schriften*, Bd, 1, p. 480.

26. *AK.*, t. VIII, p. 134.

27. *Kritik der reinen Vernunft*, p. 734 (A) « ... sich trotzig auf den gesunden Menschenverstand berufen – eine Zuflucht die jeder beweist dass die Sache der Vernunft verzweifelt ist... ».

28. *Prolégomènes* (Vrin), p. 152 *sqq*.

29. *AK.*, t. VIII, p. 134.

30. *Prolégomènes* (Vrin), p. 152.

31. *AK.*, t. VIII, p. 134.

32. *Philosophische Schriften*. Bd. I, p. 477.

33. *Ibid.*

34. Afin de fonder la certitude de l'existence de Dieu et la croyance en la finalité, Mendelssohn invoque en effet « l'argument de ce Groenlandais qui, se promenant un beau matin sur la banquise avec un missionnaire, lui déclara en voyant les lumières de l'aurore jouant sur les blocs de glace... "Frère, voyez quel beau jour. Et comme il doit être beau celui qui a créé cela." » (*Philosophische Schriften*, Bd. I, p. 478).

Kant n'a jamais apprécié ce genre d'argument et dans la *Critique du Jugement* il s'en moquera en ces termes : « ... certes il y a là un admirable concours de rapports de la nature à une seule fin qui est le Groenlandais. » (*Kritik der Urteilskraft*, p. 283 (A)). D'ailleurs pour Kant il y a des choses plus intéressantes à examiner qu'une banquise pour comprendre la finalité dans le monde : par exemple un brin d'herbe (*Pensées successives sur la Théodicée et la Religion*, p. 103). Cette petite chose nous enseigne autant sinon plus qu'une massive banquise et dans « Qu'est-ce que s'orienter dans la pensée ? » Kant affirme que nous découvrirons la finalité surtout dans les choses de « faible dimension ». (*AK.*, t. VIII, p. 138).

35. Qui a planté l'oreille – Doit au moins entendre.

36. *Fondements de la Métaphysique des Mœurs*, (trad. Delbos revue par A. Philonenko), Vrin, 1997, p. 71.

37. Glidemeister, Bd. V, p. 274.

38. *AK.*, t. VIII, p. 134.

39. *Fondements de la Métaphysique des Mœurs*, p. 71.

40. *AK.*, t. VIII, p. 146.

41. *Ibid.*, p. 153-154.

42. Comparer le texte des *Remarques* (p. 152 *sqq.*) et celui de la *Critique de la raison pratique*, p. 102 (tr. Picavet) : « … c'est un misérable subterfuge par lequel quelques hommes se laissent encore leurrer et pensent ainsi avoir résolu, par une petite chicane de mots, ce problème difficile à la solution duquel tant de siècles ont vainement travaillé ».

43. ou : *Philosophische Schriften*, Bd., 1, p. 350.

44. *AK.*, t. VIII, p. 153.

45. *Vermischte Schriften* (Insel), p. 164 (*Was ist Aufklärung ?*).

46. *Ibid.*, p. 164.

47. *Prolégomènes* (Vrin), p. 153.

48. *AK.*, t. VIII, p. 146 et 134, 140, 152, etc.

49. Guéroult : *Évolution et Structure de la Doctrine de la Science chez Fichte*, t. I, p. 31.

50. *AK.*, t. VIII, p. 146.

51. *Ibid.*

52. Il est intéressant de consulter à ce sujet : E. Fromm : *Kant und die preussische Censur.*

53. *AK.*, t. VIII, p. 146.

54. Lessing : *Ausgewählte Werke*, t. III, p. 202 (Schmidt).

55. *AK.*, t. VIII, p. 140.

56. *Deutsches Museum,* février 1787, p. 126.

57. Jacobi, *Werke*, t. IV (1), p. 245.

58. *AK.*, t. X, p. 344 *sqq.* Voir à ce sujet Vleeschauwer : *La déduction transcendantale dans l'œuvre de Kant*, t. II, p. 420-421.

59. *AK.*, t. VIII, p. 140.

CHAPITRE VI

1. Cité par Schmoldt : *Der Spinozastreit*, p. 60 (Kayserling : *Mendelssohn's Ungedrucktes*, p. 18).

2. *Werke*, t. IV (1), p. 249.

3. *Vermischte Schriften* (Insel), p. 169.

4. *AK.*, t. VIII, p. 147.

5. *Kritik der reinen Vernunft*, p. XII (A).

6. Karl Barth : *Die protestantische Theologie im* XIXe *Jahrhundert*, p. 243.

7. *AK.*, t. VIII, p. 142.

8. Platon, *République*, L. II, 365 b.

9. Vleeschauwer, *op. cit.,* t. II, p. 524.

10. *Werke*, Bd. I, p. 434.

11. A.T., t. IX, p. 103.

12. Cassirer, *Philosophie der symbolischen Formen*, t. II, p. 116 (2e, éd.).

13. *Kants Leben und Lehre*, p. 43 (Kant, *Werke*, éd. Cassirer, t. XI).

14. *AK.*, t. VIII, p. 142.

15. *Ibid.*, p. 147.

16. *Ibid.*

17. *Vermischte Schriften* (Insel), p. 163.

18. *Ibid.*, p. 224.

19. *Ibid.*, p. 164.

20. Voir la célèbre note dans la *Critique de la raison pratique*, p. 6 (tr. Picavet) : « Un critique qui voulait trouver quelque chose à blâmer dans cet écrit… etc. ».

21. *Kritik der reinen Vernunft*, p. 831 (A).

22. P. Burgelin : *Kant et les fins de la raison* (*Revue de Métaphysique et de Morale*, 1953), p. 136.

23. *AK.*, t. VIII, p. 135.

24. *AK.*, t. VIII, p. 142.

25. *Ausgewählte Werke* (Schmidt), Bd. I, p. 269.

26. On pourrait se demander si cette idée d'un monde sens dessus-dessous n'est pas comme une transposition de la fiction cartésienne d'un malin génie sur le plan de l'Esthétique transcendantale. De même que le malin génie est un mauvais pantin, une figure de carnaval que détruit d'un seul coup le doute, de même la farce cosmique dont nous parle Kant perd son sens devant le témoignage de la conscience, tandis que le monde retrouve le sien. Il y a en tout cas en ce texte un élément précieux pour, une étude de la « fabulation kantienne », dont on n'a pas assez parlé malheureusement et dont Delbos est bien le seul à avoir dit quelques mots dans son ouvrage sur la philosophie pratique de Kant.

27. Cf. *Von dem ersten Grunde des Unterschiedes der Gegenden im Raum.* – et Kuno Fischer, *Kant*, t. I, p. 320 *sqq.*

28. *AK.*, t. VIII, p. 137.

29. *Kritik der reinen Vernunft*, p. 699 (A). S'il est, d'un point de vue théorique, indifférent de dire Dieu ou la Nature, cela ne l'est plus d'un point de vue pratique, car comme l'a vu Herman Cohen, une telle ambiguïté inviterait à penser que « le Panthéisme… pourrait se substituer au théisme. » (Kants *Begründung der Ethik*, p. 111). On pourrait se demander si Kant ne parle pas tellement de la finalité dans « Qu'est-ce que s'orienter dans la pensée ? » afin de bien montrer son opposition au spinozisme sur ce point crucial. – On pourra consulter : A. Brachmann : *Kant's und Spinoza's Sittenlehre* (*Archiv für Geschichte der Philosophie*, Bd. XIV, p. 505 *sqq.*).

30. Comme l'a bien vu Kühnemann dans son ouvrage sur Kant, t. II, p. 387.

31. *Kritik der reinen Vernunft*, p. 777 (A).

32. *Ibid.*, p. 796 (A).

33. *Deutsches Museum*, février 1787, p. 132-133.

34. *Sein und Zeit*, p. 109.

35. *Ibid.* On saisira l'importance de ces critiques et du texte auquel elles s'adressent si l'on pense que « Qu'est-ce que s'orienter dans la pensée ? » est le seul texte où Kant ait

cherché à analyser l'espace vécu auquel la phénoménologie accorde une si grande importance. Sur la critique heideggerienne on pourra consulter : J. Vuillemin : *L'héritage kantien et la révolution copernicienne*, p. 286.

36. Reininger : *Kant seine Anhanger une seine Gegner*, p. 258.

37. Lagneau : *Célèbres Leçons*, p. 242.

38. *AK.*, t. VIII, p. 141.

39. *Ibid.*, p. 139.

40. *Kritik der praktischen Vernunft*, p. 135 (A).

41. *Ibid.*

42. Cela suppose, on le voit, que la notion de finitude ne caractérise pas la seule raison humaine et par conséquent une modification de cette notion telle qu'elle apparaît dans les premiers textes critiques.

43. *Werke*, Bd. 1 (Lasson), p. 252.

44. *Also sprach Zarathustra*, II[er] Teil (Reclam., p. 101) : « Je suis lumière, oh puissé-je être nuit… Ô obscurcissement de mon soleil, Ô quel désir du désir. Ô quelle dévorante faim dans la satiété ».

45. *Ibid.* « … ma solitude est d'être enveloppé de lumière ».

46. V. Jankélévitch, *Traité des Vertus* (Ire éd.), p. 316.

47. *AK.*, t. XVIII, p. 37.

48. Il faut ici parler d'une « nostalgie de l'Être » dans le sens même où l'entend M. Alquié. Cf. *La nostalgie de l'Être*, P.U.F., 1950. On voit combien M. Alquié a raison d'écrire que « Chez Kant… l'affirmation du rôle du sujet dans la connaissance coïncide avec l'abandon de tout espoir d'ontologie » (p. 50). Il ajoute avec profondeur : « Et il nous paraît en ceci que la voie de Descartes et celle de Kant sont voisines. Toutes deux distinguent l'Être et l'objet, ne doutent point d'un Être qui leur paraît pourtant inaccessible, opposent au primat du sujet sur tout ce qui est définissable et connaissable le primat de l'Être sur le sujet lui-même, évitent l'idéalisme et gardent, avec le sens de la transcendance, celui de l'admiration ou du respect » (p. 66). Consciente de l'absence de l'Être, la raison kantienne découvre que « son authentique condition n'est pas celle de la possession, mais, comme on le voit dans les postulats kantiens, celle de l'espérance » (p. 65).

Et sans doute est-ce cette nostalgie de l'Être que la philosophie fichtéenne s'efforcera de nier tout d'abord, pour enfin l'affirmer humblement comme l'essence de la conscience humaine. La première philosophie de Fichte, niant avec la chose en soi toute transcendance, rend le Moi transcendant à lui-même et donne au sujet absolu la signification que Descartes et Kant donnent à l'Être. L'effort infini qu'effectue le Moi pratique afin de dépasser la transcendance du Moi absolu, afin de combler la séparation entre le Moi absolu et le sujet de la connaissance et de l'action, se substitue au besoin de la raison et à la nostalgie de l'Être. Lorsque Fichte saisira le danger de « l'ivresse de la synthèse » (la *Nostalgie de l'Être*, p. 138), il apercevra que la transcendance du Moi absolu dans la W.L. de 1794 était la transcendance de l'Être et redécouvrant l'authentique essence de la conscience comme finitude et séparation d'avec l'Être, il la définira comme « nostalgie de l'Éternel ». (*Werke*, Bd. V, p. 407). Fichte affirmera même : « Uber dieser Sehnsucht nun, *worauf alles endliche Dasein ruht…* » – « Cette nostalgie, sur laquelle se fonde tout être fini… ». (*Ibid.*). M. Gurvitch a bien démontré le retour progressif de la pensée fichtéenne à l'affirmation de la transcendance de l'Être. (Cf. Gurvitch : *Fichtes System der konkreten Ethik.*)

49. *Kritik der reinen Vernunft*, p. 316 (A).

50. *AK.*, t. VIII, p. 139.

51. *Kritik der reinen Vernunft*, p. 317 (A).

52. Comme l'eut voulu Jacobi, *Werke*, t. II, p. 113.

53. *Vermischte Schriften* (Insel), p. 232 (*Idee zu einer allgemeinen Geschichte*).

54. *Vermischte Schriften* (Insel), p. 301.

55. *Ibid.*, p. 300.

56. *Kritik der reinen Vernunft*, p. 317 (A).

Bibliographie

On trouve aujourd'hui un dossier très complet concernant ladite « Querelle du panthéisme » dans l'ouvrage de Pierre-Henri Tavoillot, *Le crépuscule des Lumières. Les documents de la querelle du panthéisme. 1780-1789,* Paris, Le Cerf 1995.

On consultera aussi l'ouvrage de Jean-Marie Vaysse, *Totalité et subjectivité. Spinoza dans l'idéalisme allemand*, Paris, Vrin, 1994.

Pour les lettres de Kant à Ch. G. Schütz (nov. 1785) et à Jacobi, on peut se reporter aujourd'hui à la traduction de la correspondance : Kant, *Correspondance*, Paris, Gallimard, 1986.

Pour le dialogue de Herder, *Dieu, Quelques entretiens*, on consultera la traduction, présentée et annotée de Myriam Bienenstock, Paris, PUF, 1996.

Signalons encore, sur Jacobi, l'ouvrage présenté et commenté par Louis Guillermit, *David Hume et la croyance, idéalisme et réalisme*, Paris, Vrin 2000.

Pour Jacobi, l'édition de référence est désormais celle des *Werke, Gesamtausgabe,* éd. par K. Hammacher et W. Jaeschke, chez Meiner et Frommann-holzboog. Les volumes 1/1 et 1/2, Hambourg, 1998, *Schriften zum Spinozastreit* présentent un dossier très complet, accompagné de notes et commentaires.

INDEX DES NOMS

TABLE DES MATIÈRES

Achevé d'imprimer en juillet 2025
sur les presses de
La Manufacture - Imprimeur – 52200 Langres
Tél. : (33) 325 845 892

N° imprimeur : 250537 - Dépôt légal : février 2001
Imprimé en France